立人天地

这样带孩子就对了

博士爸妈的美国亲子壮游记

(台) 邓佳茜 / 著

黑龙江教育出版社

序

全家壮游，一起开眼界！

记得刚回台湾（注：如无特别注明，本书中所说的“台湾”均指“台湾地区”。）的时候，我们一家四口除了尽情地沉浸于久违的台湾文化氛围里，面对原本习以为常的事情时，感觉也变得敏锐了起来。

例如：开着睽违一年的爱车去加油、洗车时，不仅所有人都不必下车，工读生会帮车子喷泡沫及刷洗，最后通过洗车机后，又是一批工读生围过来帮你擦车，尔后个个鞠躬对你说：“谢谢光临！”这些服务竟然只需要台币五十元！相对于美国生活的一年里，从加油到洗车都必须是DIY，鲜少感受到“服务”的我们而言，回台湾简直如帝王般享受！两个女儿坐在车子里也感动莫名地大喊：“台湾的服务好好哦！”出去之后才深知自己家乡的好处啊！

平心而论，这些年台湾地区走向高质量的服务水平，各行各业都能明显感受到其变化。在一般的日常生活里，皆存在着各种服务精神，从这一点来看，美国资本主义社会还真的是较欠缺的一环。重点是，在台湾地区不需要高消费就能享受服务质量，在美国则不然。有比较才能真切体会！

这也是想带孩子们一起出游的原因之一。当身处一个环境久了，自然会将所有事物视为理所当然。变换不同环境时，孩子可以学到很多，孩子第一次离开舒适窝到外地去求学时，自己面对独立的生活，他才会感受到父母为他做了多少事。只不过这次亘亘和如如是到一个完全不同文化及不同语言的地方生活，感受的冲击更为明显。让孩子换个角度看世界，真的很特别！也希望她们未来的眼界能够因此更加广阔。

当然，其中也有令人感慨的差别感受。

“妈妈！为什么我和老板说话他都不理我？”这是刚回台湾时，孩子们最常问的一句话。

孩子的感受是最敏感的，每当孩子在我耳边悄悄这么说时，我会抬起头来观察老板，赫然发现台湾地区商人都将孩子视为空气般！除了以孩子为销售对象的商家及对孩童亲切的老板之外，绝大部分商人的眼光都只会正视大人，认为大人才是他的贩卖对象。更有一些商家的反应是不希望孩童弄脏商品，而先发声制人。

这实在都让孩子感受到很不被尊重。在美国的一年里，女儿们已习惯不管是去卖场或商店购物，店员都会主动向她们打招呼与攀谈，并且对于她们提出的疑问耐心地一一解释，而非充耳不闻；回来后，多数却得不到商家响应，这让她们感到很无奈。

对孩子的尊重不应只有对待自己的孩子，或要求教育人员做到而已，整个社会的风气及观念都应该向前迈进。如果只有在教育改革及谈论教养观念时强调尊重，但现实生活中，孩子却无法感受到被尊重，这样的一个态度是很难内化成为孩子的品格的。

借由这本书我想传递的是，每一个国家或地区都有优缺点，世界上也没有完美的教育制度，重点是看我们要的是什么，并且能够从根源思考如何去改革，而不是一味地抨击与仿效。也希望借由这本书，透过两位到美国念小学的女儿眼中，看到更多美国与台湾地区环境的差异性，好的地方值得我们学习，不好的则值得我们借镜。其中翔实记录两个女儿学习英文从零到有的过程，希望提供给和我一样焦虑过的父母参考。

一趟壮游，带给我们一家人无限的感受与满满的回忆。但这个梦想能够成行，双方父母以及家人的支持与祝福是很重要的。感谢爸妈与公婆的支持，以及姐姐们在这一年间持续的联系及协助传达讯息给爸妈，让他们免于担忧并随时分享我们的喜怒哀乐！出乎我意料之外的是，我们这场常人眼中的出格行为，连九十几岁的阿嬷都很赞成，真不愧是我们心目中最跟得上时代的阿嬷了！

这一年当中最大的遗憾，就是外婆在这期间去世了。而我没能送她最后一程，也没能在妈妈最需要人支持的时刻，陪伴在她身边，这是我最大的遗憾。感谢两位姐姐在这段期间，代我尽了孝道，更希望外婆在天之灵过得幸福快乐！这一趟壮游要感谢的人太多了！除了自己的亲人以外，我们很幸运地认识许多好友，这一路走来给予在异地的我们许多协助与照顾，我将在此一并感谢。

邓佳茜

序

说走就走，暂停台湾的一切！

这话虽然是不容易，但它真的发生了，就像是云霄飞车一样，让我们一路体验惊奇，以不同视野看待世界！

多年前，我和老婆大人前往美国出席研讨会时，顺道前往宾州拜访我们俩的大学同窗好友，对于他的生活，我们夫妻俩真的很称羡。因为好友也是从事教职工作，生活步调与学校相同。美国中小学在下午两点半左右就开始陆续放学。放学后，就是孩子玩耍、运动或是社团活动时间。同时，美国有很多地区位处纬度较高的地方，因此天黑的时间会比台湾地区晚，孩子会拥有更长的午后时光可以运用。因此相对于台湾地区的孩子，美国孩子直到高中阶段，都还保有放学后将近四个小时的日间玩耍时光。

早早放学，这是台湾地区学生一直羡慕不已的事情，但实际走访，却发现他们一天所上的课程，节数也是跟台湾地区差不多，只是美国的学校，下课只有三分钟更换教室，午餐三十分钟后，又紧接着继续上课。因为教育系统设计的思维不同，让台湾地区与美国孩子对放学后的时间，有着很不一样的感受与回忆。

我常常跟朋友讲，孩子在幼儿时期，做父母的忽略孩子，孩子还是会主动黏着父母，提醒父母不要忘记他的存在；但在青少年时期，如果父母忽略孩子，孩子就会转向找其他的同侪团体，孩子与父母的距离，就会越来越疏远。

在美国的一年里，我们夫妻俩为了让孩子尽速融入美国学习生活，经常在家里开设丫爸补习班，陪伴孩子探索与学习，也因为这些的陪伴，我们跟孩子之间持续拥有共同话题，孩子也在学习上没有惧怕感。孩子从bdpq 字母都还搞不清楚的情况下，在学校开始展开英文、数学、自然、社会、音乐与体育的学习。刚开始的时候，我们夫妻俩确实有点担心，但后来我们看见孩子能够站在全班面前，自信地对全班做简报，看见孩子的成长与茁壮，心中真的是很感动。

朋友常跟我说，你想要培养孩子成为什么样的人？

我最喜欢的答案是“成为有能力游走国际的人才”。

借由这一趟壮游的旅程，让我们夫妻俩能够在孩子的小小心灵中，种下国际化视野的种子。接下来，就让孩子心中的种子顺其自然地发展啰！

陈志嘉

Contents
目录

Ⅲ 两姐妹的美国小学初体验

Ⅳ 美国教育比较好？

GRAND TOUR

I

壮游的执行力

在台湾，每天过着同样模式的生活，偶尔会感到烦闷、枯燥；却也无从改变。“壮游”，简单来说，就是跳出原本日复一日的生活模式，建立与体验新的生活模式，并借此重新审视自己的生活。

壮游念头的初衷

自从《商业周刊》以“壮游”为标题的杂志出现在我家信箱后，“壮游”两个字就一直种植在我和先生阿嘉的心中了。在我们攻读博士学位、同时上班及照顾两个稚龄的女儿，常会遇到身心俱疲、心灵空乏时，此时除了彼此打气之外，“壮游”这个词就经常出现于我们夫妻俩深夜闲谈之时。根据周刊的定义——“壮游”是指——旅游时间“长”、行程挑战性“高”、与人文社会互动“深”的“游历”。

虽然我们不是去挑战攀登世界第一高峰或骑脚踏车环游美国之类的壮举，但，一家人到另一个国度的陌生城市生活一年，又何尝不是一种改变呢？对于我和先生而言，虽因研究、私人旅行共旅游将近二十个国家，但真正尝试居住长达一年倒是第一次，这对我们来说是种挑战。对于两位即将升上小二和小三的女儿而言，她们从来没有出过台湾，第一次离开台湾就长达一年，而且英文程度只有认识 ABC 字母，却将前往当地的公立学校上学，面对各种肤色的同学以及陌生的语言，这对她们更是一项挑战！

对于从小怀有留学梦的我来说，碍于现实因素始终无法实现。直到结婚之后，有了老公、孩子，买了车子、房子之后的种种羁绊，这个梦想早已被我抛诸脑后。而阿嘉是个在乡下长大的孩子，他成长的环境让他压根儿都不曾想过去外国留学之类的事情，总觉得那是航天员才会做的事一样！

直到念博士班期间，先生和我常有机会到外国参加研讨会，进而也开拓了我们除了旅游以外的国际视野。在结交了许多国际友人之后，我和先生心

夫妻双方有相同的梦想，互相支持，天时地利人和，夫复何求？

中开始萌生“未来想找机会到国外居住一年”的念头，但是都仅停留在做梦的阶段，“壮游”的梦想只是一个在工作疲累时，鼓舞我们的精神粮食。直到二〇〇九年，两人皆拿到了博士学位，感觉已达到人生中的一个里程碑，我们开始认真讨论这个梦想的可能性。二〇〇九年底，某天下班回家途中，阿嘉突然对我说：“我们明年就走吧！”我瞪大了眼看着他，好似看着一个我不认识的人一样。一直以来挂虑许多事情的他，今天反倒坚定地说了这句话。至于我的反应呢？当然是趁他还没反悔之前赶快举双手赞成啰！

夫妻双方有相同的梦想，互相支持，天时地利人和，夫复何求？

在此我不得不先谈一下我们家的老爷——阿嘉，也是我们家这趟“壮游行”的关键人物。

虽然我母亲坚持阿嘉一定是被我这个从小就有留学梦的人洗脑了才会“同意”要出去一年；事实上，阿嘉虽然在乡下长大的，**但人的视野与梦想会随着年纪以及历练而有所改变的！**

“壮游”这想法纯粹是我们在修读博士学位时，两人一路走来不断扩展

芝加哥千禧公园（Millennium Park）

加州丹麦城（Solvang）

视野及吸收知识后所共同编织出的梦想。但梦想终归是梦想，要暂停一切去实行它，还是需要一番勇气的！

勇气打哪来呢？我认为这就是——想改变的决心吧！工作了十几年，这几年间生了孩子，一路念了硕士与博士，每天像陀螺般四处打转、没有喘息的时间，感觉精力几乎用尽了，因此想再为自己下半场的人生注入一些新的能量与热情，并且把握住与逐渐长大的两个小宝贝相处的时光。

对我们而言，壮游的目的不是只在旅游景点拍照；而是在人生的中途点作短暂停留，离开熟悉的环境，让心回归于白纸，重新体验生活。人，不都是需要回归于零的感觉吗？

另一个关键原因，就是让阿嘉可以从他对工作的“高度责任感”中暂时解放。阿嘉是公认的好老公和好爸爸，不过他还是有大部分男人都有的毛病，就是工作几乎占据了他所有的心思！负责任的态度让他对于工作真是鞠躬尽瘁啊！我和阿嘉都同意他是属于那种“爆肝的高危险群”。

阿嘉告诉我：“你工作只写了 70% 还算客气了。”我白眼并回他说：“你知道就好！”

我和阿嘉都是责任感很重的人，我面对工作时很专注，将工作完成后，其余心思都放在家庭上。而阿嘉不同，他是无时无刻地脑筋都是绕着工作转，常到了晚上睡觉时他还会兴冲冲地和我讨论他刚刚想到的点子，我常会翻白眼并对他说：“饶了我吧！”

所以，现在你们知道为什么我们家很需要出走“壮游”一年了吧？因为我和阿嘉都很希望将他的大脑分配比例改变一下！

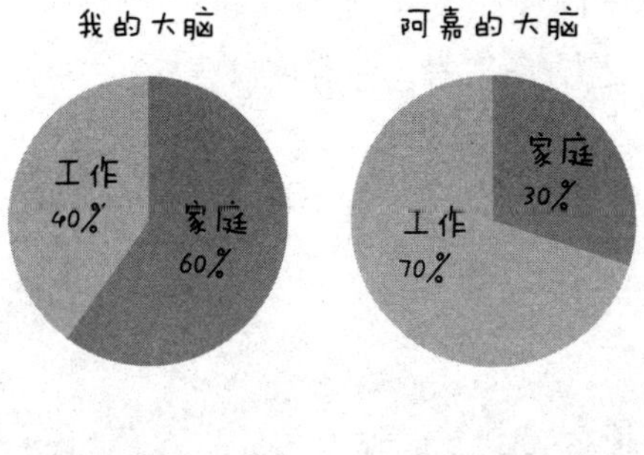

以大脑分配图来表达，
我想会更清楚！

排山倒海而来的反对声浪

当告诉亲友我们即将出去进行博士后研究一年时，周遭就开始涌出许多的疑问和关心，直到我们出去之前一直都没停过。

“那要花不少钱吧？”这是询问度最高的问题，现实因素是大多数人无法忽视的原因。

“拿到博士了为什么还要出去？还要进修什么？”（很多人还会接着问，是不是要去修学分？）当然不是，除非我要去修第二个博士学位。

“到美国不担心种族歧视吗？”兵来将挡，水来土掩。遇到了再说吧！

“小孩子怎么办？”当然带去啊！总不能让她们一年没爹、没娘吧？

“小孩子回来后要留级吗？会不会跟不上？”放心！小学中低年级阶段课程仍属浅显，而且只出去 年，学校通常会尊重家长的意愿，除非是两年以上才会作简单测试来决定是否升、留级。

“伊利诺伊州？没听过耶！在哪？”大部分的人只听过加州阳光和得州牛排而已。

我和阿嘉从一开始的一一解释到最后已有一套标准答案了——伊利诺伊州是在美国的中部偏东边，我们要住的地方类似大学城；是的，没错，它是乡下。我们不是要去修学分，而是到大学当访问学者，进行博士后研究；我们希望在这一年当中我们和孩子都有所成长，并且能够开拓孩子的国际视野……

当然，这样的理由还不足以说服最亲近的人——我的父母大人。犹记得

ABC's for Parents

Ask your child about the school day.
询问孩子在学校发生的事。

我向爸妈提出决定出去的那一晚，母亲大人马上就连珠炮地问一大堆问题：

“花那么多钱值得吗？”

“你确定小孩子去一年，回来后英文就会呱呱叫？”

“现在景气这么差，等你回来会不会丢了饭碗？”

“只是为了一个梦想也太不值得了……”那晚我完全无力招架，好似炮弹连番轰炸一样……

对于母亲一直要我回答“投入”了这些是否保证“得到”什么时，我实在无法回答。只能说，对我和先生以及两个小宝贝而言这一趟“壮游”的价值是“无法量化”的，更无法说出“投入”了这些“绝对”会有什么样的“收获”。

这是我们夫妻俩共同的梦想，我们心中很清楚这趟美国行的目标是什么，以及想带给两个女儿什么样的国际视野。

我想我能确定的只有：未来的这一年，不管酸、甜、苦、辣，都将是我们一家四口一生中最特别与难忘的回忆！我想，这样就足够了！

夫妻双方有相同的梦想，互

我们最喜欢这一年爸妈陪在身边的日子！

相支持，并勇于暂停现状出去，天时地利人和，夫复何求？感谢父母最后仍是接受我们的决定，寄予祝福与支持，并且在这一年当中给了我们许多的鼓舞与体谅。两位姐姐则是从一开始就大力支持，并在父母面前帮忙敲边鼓，给予我们最大的祝福，在此感谢！

不同于留学生出去，一个人到哪都干净利落。全家人出去要处理的事务仍是复杂度较高的。（林肯博物馆）

累积与孩子之间的感情能量

平时注重与孩子之间的互动，勤于累积与孩子之间的感情能量，当成长过程中不可避免的亲子冲突发生时，才有本钱耗损。

俗话说：“要舍才有得。”说起来容易，做起来并不容易。

历史上的最佳典范莫过于陶朱公——范蠡。春秋时代，范蠡协助越王勾践成就霸业之后，舍弃荣华富贵退隐他乡，避开了同是功臣的文种被勾践借故赐死的命运，保住了性命，后来成了富商。我们虽没有陶朱公的智慧与胆识，但“要舍才有得”这句话在准备出去期间却是我们常挂在嘴上的。许多人都劝我们说，出去一年不但要花很多钱还少赚了一年的钱，等于是两方面都损失了，将来退休的时间又要再往后延，怎么算都是不划算，劝我们年轻人要好好想想，千万别冲动！

事实上我们一点都不冲动啊！我心里想。因为这个梦想已经在我们心中酝酿好几年了！当然，金钱绝对是最大的考虑，没有经济基础，所有的梦想皆是空谈。但，如果你没有先“舍”，又哪来的“得”呢？所有的梦想不都带着一点冒险的气息吗？

因此，当有亲友疑虑我们的决定时，我和先生都异口同声说：“这趟旅行，不只为我们也为了孩子。”我们强调四个人都会有收获，我们家长的重点在于学术研究，而女儿们就是学英文与体验异域文化，这是一趟四个人共同研修的学习之旅啊！

出去一年，花费的这笔钱全家四个人平均之后就会发现一个人一年的花费并没有想象的多哦！加上一年免费的英语学习环境（计算看看孩子一年度的英语补习费），再加上全家人相处的甜蜜时光，一生难忘的异域体验、回忆，拓展孩子的国际视野与格局，借机累积与孩子之间的感情能量……不管怎么算都划算啊！

以前曾看过一篇文章，是提到夫妻之间的感情就像一本存款簿，有存入也有支出。平时夫妻之间感情的维系与营造即是存款；而夫妻吵架失和即是支出。如果平时不多储存一些“情感存款”，一旦透支时，就是感情破裂之时，此时欲弥补也难了！

我认为父母与孩子之间的情感也是，如果没有平时勤于累积与孩子之间的感情能量，当一次又一次发生亲子冲突时，感情能量逐渐减弱，慢慢地就会演变成沟通不良，甚至无法沟通了。

感情能量不仅是父母对孩子的爱与照顾，最重要的是父母与孩子之间

ABC's for Parents

Begin your child's day with a nourishing breakfast.
用营养的早餐开始孩子的一天。

的互动。这些互动多是建立于平时家庭活动上。例如：与孩子们玩扑克牌或下棋、在家喝下午茶谈天、一起外出旅行、一起打球游泳、一起面对问题并且一起解决……通过共同的经历与回忆，这些互动也需建立在与孩子之间的谈话，建筑起亲子沟通的桥梁，巩固住孩子心中“你爱他”的讯息。

父母须在亲子对谈中传递与引导适当的价值观给孩子，并在一遍又一遍亲子间思想交流过程及观念沟通之中，建立起彼此的互信与互赖。**别忘了随时都要存入新能量，这样才不会遇上面临透支的一天！**

阿嘉常和我聊到，还好我们两个都在女儿们幼儿园时期时攻读博士。为什么呢？因为这时期的孩子是围绕着父母打转的年纪，不管你有多忙，他们还是会黏过来抱着你，对你说我爱你。我们身边有些朋友在攻读博士时，孩子正值青春期，父母的忙碌加上孩子的叛逆，逐渐演变成亲子之间的裂痕，结果皆是为人父母所不乐见的。

即使孩子还小不懂得为何我们家一年出游不到三次？为什么每到假日，父母都是开着电脑疾笔振书？但是我心中对女儿一直觉得有所亏欠。虽然我们采用轮流战术，一个人躲进书房埋首与研究奋战时，另一个人就会在客厅陪伴女儿，但女儿们还是会问：“爸爸（或妈妈）到哪去了？”

因此，出去“壮游”这一年，也是我们与孩子们累积感情能量的大好时机。一直以来总觉得女儿黏在我们身边的日子是理所当然的，至少应该还会持续很久，却从来没意识到忙碌的时间飞快地流逝。这怎么行？我还有好多话还没跟她们说，我还有好多事想和她们一起做，我还想再多创造更多与她们相处的回忆呢！

不知道你有没有这样的感受：每天孩子都和我们一起生活，早起上学、晚上一起吃晚餐，但有一天，停下脚步仔细看了女儿一眼，突然惊觉她什么时候已经长大了？什么时候已经脱离幼儿稚气的脸庞完全像个女孩了？这种经验，我们有。

因此，为了避免岁月在我们的指缝中流失而不自觉，这一年的“壮游”想必能成为我们家一生中最特别和难忘的回忆！在未来的这一年当中，我们可以单纯地享受亲子间的乐趣，也较有足够的时间与体力陪她们旅游以及天南地北地聊天，并且可以陪她们在这个陌生的国度中一起探险，一起体验从未有过的经验！

从决定到出发这期间，我们全家都充满着期待，等待新生活的开始！

满山满谷的文件表格

首先处理我和先生留职停薪的手续。我们目前皆还有工作，因此为了“过关”顺利，我们事先把所需的文件一一备齐，加上长官们对教师进修的鼓励，因此很幸运地顺利通过。我们也松了一口气，毕竟如果长官不同意（意指回来后就没了工作），再大的梦想都无法起飞，在此很感谢他们。

接下来就是所有跟家庭相关的文件都要申请英文版：户口簿、小孩的接种证明、已投保的保单英文版、国际汽车驾照……光是往返各公务机关就耗费了许多时间。

紧接着就是最繁杂的美签了。我们一家四口需填的文件除了申办非移民签证必填的表格之外，因我们是申请交换学者签证，所以需再填一份表格（另外还要缴交一笔可观费用），男性需填写一份有关兵役的表格（例如你是否受过化学武器训练之类），所以我林林总总共填写了九份表格（每份都不只一页）。填写是不难，费时的是搜集资料。我被这些资料搞得七荤八素的约莫两个月，费了九牛二虎之力将它填写完毕，完成预约。不过未来台湾地区的人到美国可能不需要签证了，届时应该会省力许多吧！

当作财务规划，我才深刻地感受到有本畅销书《简单过生活》说得一点都没错！记得作者提及每个人应该简化成只有一本存折，一张信用卡，如此才能简单过生活。没错，我就是没有做到，所以还得花不少时间做出一张清单，详列出所有相关的账务。列完后才发觉成立一个家庭，哩哩啦啦的项目还真是多，回来后我应该认真思考简单过生活了！

望着华盛顿D.C.一望无际的大草坪，孩子心中的地图也跟着辽阔了起来！

巩固住孩子心中“你爱他”的讯息，互动也需建立在与孩子之间的谈话。

大家都知道在美国就医很昂贵，因此我早在三个月前就开始拖着全家大小将平时有的大小毛病全部检查个彻底。亘亘和如如都有过敏体质，一个有异位性皮肤炎，一个则是支气管敏感，所以到大医院光是抽血、检查、复诊等就耗掉许多个夜晚。

记得请医生多开一些常备药，我们就带了不少异位性皮肤炎的药膏出去，事后证明的确派上了用场。而在这三个月期间我们也很勤快地看牙医，将所有大大小小的蛀牙都补好了，连牙都洗了，但两个小毛头正值换牙的年纪，到美国要不要看牙医可能还是要靠运气。我都开玩笑地对她们说：“如果到时牙齿要掉不掉的，妈妈就帮你直接拔下来！”吓得她们哇哇地叫！

由于两个女儿到美国前并无英文基础，老二如如也才念完小学一年级，汉字的基础还未扎实；为了不让她们到美国之后数学跟不上（学校以她们不懂的语言来解释还未学过的概念，我想连天才也很难懂吧！）以及一年之后忘掉汉语，我和阿嘉准备了语文与数学课本带去美国，虽然占了行李重量的一部分，但事后证明非常有用，待本书后面章节再与大家分享。

如果你会带学制内的孩子同行，建议先联系欲就读的学校，问清楚需备妥哪些数据，以免报到时数据短缺，在外地补办数据就比较麻烦了。如果你无法知道会就读哪所学校，但至少会知道你将住在哪里，建议询问当地的教育局或任意一所学校（同一地区的文件格式通常是一样的）的人员，他们都会乐意为你解答的。

其实全家一起出去长住所需处理的琐碎事情还很多，但也无须太过于担心，尤其在日常用品方面。别忘了，美国人同样都能生活，我们没什么理由不能生活的，差别只在于你愿不愿意抛开旧有的生活模式与习惯，敞开心胸去接受与体验另一个不同的世界。我想，这才是最需要打包进行李箱的东西。

秀拉(Georges Seurat)著名的大碗岛的周日午后(A Sunday on La Grande Jatte)。

柴米油盐酱醋茶——无法忽略之生活之小事

全家出去长待一年，最首要解决的就是“房事”问题了。所幸这次我们到美国研究的指导教授 Dr. Ray（雷）是我和先生的好友，他非常热心地协助我们，帮我们在高房价的美国租到了一栋物美价廉的房子，还包含小区管理，日后带给我们生活上许多的便利与协助，真的非常感谢他！

除此之外，另一件让我们伤脑筋的事就是交通了。由于我们住处位于大众运输工具并不便捷的乡村，因此没有车就好像没有脚一样。这时雷告诉我们他有认识的中古车商，他可以先帮我们“物色”一下。有当地人能帮我们，我们自然很欣喜，并且非常感谢他在百忙之中抽空协助我们。

雷还很贴心地提供了一些方案让我们选择：第一种是他先帮我们付订金，等我们到美国再买；第二种是他先买下来再卖给我们；第三种则是他先买下来再租给我们。不管是哪一种方案，为免除我们回台前还要卖车的麻烦，等我们回台时车子再直接卖给他就行了。

雷如此贴心地为我们着想，我们真的很感动！

安排就读的小学

由于对于美国教育环境有些粗略的了解，事先我们烦请雷帮我们探听当地口碑较好的小学，毕竟我家两个女儿语言不通，做父母的总是希望能尽量减少女儿们因此被欺负的几率或者遭受种族歧视的对待。

雷不久就回信告诉我们，女儿们可以就读当地的公立小学——林肯小学

出去很麻烦？美国人都能生活，没理由我们不能生活的。

爸爸坚持带小学课本去美国，事后证明非常有用。

（Lincoln school）。知道了未来要就读的学校，亘亘和如如都非常地兴奋。我马上在网络上搜寻到这所小学的网站，带着她们了解一下未来一年念书的环境。可惜的是美国小学的网站不如台湾地区的这么丰富，资料并不多。但其中最令女儿们兴奋的就是学校的营养午餐菜单了！她们唧唧喳喳地催促着我翻译内容给她们听，我也挺好奇美国小孩都在学校吃

好朋友 Dr. Ray（雷）帮我们找到一台 4200C.C. 的休旅车，带全家全美走个遍！

些什么呢？

“星期一：汉堡；星期二：比萨；星期三：热狗；星期四：汉堡肉；星期五：炸鸡块……”

“耶！”听到这里孩子们已经忍不住地欢呼！

这些菜单都是让家长摇头小孩欢呼的内容，不过每餐都有提供色拉、牛奶和水果。看姐妹俩兴奋的模样，我很坏心的“恐吓”她们说：“小心回来变肥猪，漂亮衣服都穿不下啦！”

行李的打包

多次出去的经验对于行李打包已游刃有余。全家出去一年的行李不需事先海运，我们用足了航空公司的行李件数上限，通通装进行李箱里，里面还包含了一只十人份电饭锅呢！

我还带了许多说故事 CD 以及一些中文版本的卡通，让她们在思念中文时可以回味一下。不管是东方童话或是西方童话的 CD 陪伴了我们每一趟的长途旅行，在漫长的开车时间中时而一起大笑，时而一起讨论故事中人物的经历，并且借此引导孩子一些正确的价值观。**由于平时在家会有许多的事物吸引孩子的各种感官，只有在开车时孩子的听觉专注力放到最大化，此时放一些学习方面的 CD 或者故事都会有不错的效果。**

同时我也塞了中文童书进行李箱，因为在美国购买中文童书不易，我们不希望

用足了航空公司的行李件数上限，通通装进行李箱里，里面还包含了一只十人份电饭锅呢！

在学习英文之余，孩子的中文阅读力却退步了。不过，这是冠冕堂皇的理由，实际的情形是，爱看书的亘亘拼命地“搬”书放到行李箱中，而我则是跟在后头拼命地“搬”出来，并一直碎碎念这本太重了，那本字太少了，别带精装本……最后她才叹口气、依依不舍地从那堆书中挑出几本她的最爱放入行李箱中。

另外，我还带了许多的童装，包含休闲或正式场合可以穿的款式。由于美国童装的款式选择性不多，且设计感不如台湾，价格上也并不可亲，所以还是建议从台湾带过去，包括女孩子的发饰也是台湾的质量较好且设计精美。不过冬天的衣服就不用带太厚的，因为美国只要是室内都有暖气，只要有一件质量好的大衣，里面不用穿太厚就很保暖了。

美国的大衣是针对当地多变的气候所设计的，台湾没有此种气候，因此设计理念并不相同。在台湾这种大衣通常必须到登山用品店购买，但因为需求少，所费不赀。但同样的品牌到美国买，几乎一半的价格就可以买到，遇到大减价时，更是花不到三分之一的价格，非常划算。

全家的好朋友Dr. Ray（雷）和全家合照。这位孩子口中的雷伯伯，几年前来台到我们系上担任交换教授时刚好住在我们家附近，那时我们就常带着女儿们去串门。女儿们也对于这位和蔼可亲，幽默风趣，长相像肯德基爷爷的外国人很有好感。而还没有孙子的雷也很喜欢逗弄亘亘和如如，之前在台湾时，我们家这两个女儿就常攀着他的大肚子爬。这样的一段情谊真的很奇妙，同时也很令我们珍惜！所以这次我们全家要到美国与他相处一年，我们双方都非常期待与兴奋。

出发前一个月我和阿嘉陷入了忙碌的高峰期，除了手上的工作待结束与交接之外，还要打包这一年我们所需的行李，打点在美国的家、代步的车，加上大大小小的饯别会等，让我们对于即将面对的异地生活感到很没有真实感。

日子就在我们每天忙得像陀螺打转中度过，直到出发前，我们将整理好的行李一字排开之后，一家四口才有那种“哇！真的要出发了！”的感觉。

出发前一晚，阿嘉和我手牵手站在客厅里看着眼前这一堆即将随着我们漂洋过海的行李时，不禁有感而发：梦想在一次又一次不断地勾画之后，也能逐渐成形的！

在这里和大家分享一下全家出去所需办理的事项，我在这里列出大部分家庭皆须准备的部分，提供大家作参考。

（附注一：待办事项表）

待办事项表	
财务详细列表，办理自动扣缴	申请英文户籍誊本
办理停用水电与瓦斯	申请英文财产证明
办理电视与网络停用	申请小孩的英文版出生证明
所有的税金也须先准备	办理小学休学证明以及英文成绩单
办理保险自动扣缴	申请英文预防接种证明
准备小礼品给美国友人	体检（须申请英文版）
预缴健保费	申请英文版保险单
工作交接，处理工作业务	办理国际驾照
采买中英文美国地图	扫描 / 影印各种文件与照片
采买 GPS（记得买美国地图）	带各种证件（例如：驾照、健保卡、相关证照等）
办理境外提款以及刷卡跨国手续费较低之信用卡与提款卡	准备紧急联络电话、驻美国台北经济文化代表处电话
看牙医	备用近视眼镜
看皮肤科、过敏药等	高阶电子辞典
照相机、随身硬盘	亲友以及同事联络电话
购买旅行支票、美金等	建议将办理美签所填的数据表备份
购买小学课本	电饭锅（需要的话）
购买、准备各种线材（例如：电话线、网络线等）	女生或有女儿的话建议带一些发饰（美国卖的样式大多简单且价钱不便宜）
准备各种药品（ok 绷、蜂胶、感冒药、普拿疼、儿童感冒药、优碘、皮肤药、肠胃药、消炎药、六神丹……）、耳温枪	如进修或研究者需准备相关文件，例如：英文学位证书、英文成绩单、研究相关书籍及资料等

NEW CULTURE

Ⅱ

体验新文化的开始

新家前后有一大片空旷的绿地，
还有野生的小鹿和松鼠在房子四周散步，
也曾遇过浣熊在垃圾场与我们躲猫猫呢！

我们的新家

马科姆（Macomb）的亚洲人并不多，所以我们刚到这里时常遇到的情形就如同我们跟女儿们说的：“在台湾，你们看到外国人就像盯着动物园里的动物一样一直看，现在到了这里，换你们被盯着看了！”事实上在这个大学城里，有外国学生就读，因此当地人对于不同种族的人投以异样眼光的比例相较于其他小镇少多了。不过如果你到附近的小城镇或较少华人的区域，一走进卖场，你就会感觉到自己像动物园里的国王企鹅了！

马科姆位于美国中西部的伊利诺伊州(Illinois State)，是一个典型的大学城，城镇中许多的生意都是环绕着西依利诺大学（Western Illinois University）而存在的。当你进入马科姆时，就会看到一个牌子上面写着：“欢迎来到马科姆，WIU 的家！”

整个城镇的面积与台北市差不多，但人口只有将近一万九千人（美国人口普查局 United States Census Bureau 二〇一〇年资料）。这么说或许不容易想象，那让我们换个角度形容：在这个与台北市差不多大小的土地上居住的总人口数加起来还没有高雄市（县市合并之前）人口最少的行政区——盐埕区的人口数多（根据高雄市政府民政局截至二〇一一年三月底的统计，盐埕区人口约两万七千人）。因此，你可以想象它有多么地广人稀了吧！

↑从家门口看到的黄昏景色。

←我们在美国的家。

我们未来这一年的家是一栋两层楼的房子，共有三室两厅两卫。其租金与大学宿舍差不多，在大都市充其量只能租个小房间而已。在美国租屋，价钱普遍偏高，马科姆这里独栋的房子价值在十二至十五万美元之间，但单独租一间房间一个月就要四五百美金！

住在小城镇中或许不如大都市方便，但对于只暂居一年的我们来说却是最好的选择。因为小镇里的居民友善且单纯，治安也比大都市良好，同时孩子的教育环境也较少充斥毒品与暴力，生活步调缓慢，很适合目前想放松一下在台湾紧绷神经与忙碌的我们。

在这里要租到含家具的房子很难，因此新家厨房电器一应俱全，除此之外则是空无一物。我们的行李一落地，孩子们马上兴奋地在空旷的新家里楼上、楼下跑来跑去地探险，先生和我虽疲惫但也被孩子的兴奋所感染，我们全家人对于即将到来的新生活都很期待。

房子的前后都是一大片空旷绿地，还有野生动物（例如：小鹿和松鼠）在房子四周散步，晚上还会看到浣熊在垃圾桶中穿梭呢！抬头望去毫无高楼大厦遮蔽，只有几排翠绿的树木簇立远方。黄昏时抬头就能看到彩霞，夜晚满天星斗就在你头上。一开门孩子们就能到草地上奔跑、嬉戏，这对于在台湾时住在大楼里的我们来说是一种奢侈与享受。

车库大拍卖（Garage sales）寻宝趣

车库大拍卖（Garage sales）是美国夏天时很流行的活动，类似台湾地区所称的跳蚤市场。只不过都是一般家庭将家中的旧物或者没用到的东西拿出来卖，价格上通常很平易近人，因为大家都是希望还能使用的旧物能够再度利用。由于大部分的拍卖都是将贩卖的东西摆在自家车库或庭院中展示，所以称为车库大拍卖或庭院拍卖。

到了五月天气较暖和时，你就会看到路边开始出现一些零零散散的拍卖。有些车库大拍卖的主人会拿张椅子悠闲地坐在草皮上晒晒太阳，并不时与来寻宝的客人闲话家常。对他们而言主要的目的不是赚钱，而是一种社交活动。

拍卖的形式有几种：一户人家独自将家中旧物出清；或者几个家庭一起合卖，东西种类多会较吸引人；有的则是因为搬家借此汰换家具；有些则是采用捐赠给教堂的义卖方式。不管是哪种方式，对于来寻宝的人都是充满了乐趣。

车库大拍卖多是在周五与周六进行，报纸每周都会刊登有关车库大拍卖的消息。第一次去车库大拍卖就是由雷与他的妻子茱莉带我们去购买家具，接下来我们就爱上了这种寻宝游戏，夏天时几乎每周都去逛！

在摊子中你可以找到一些老式唱盘、古董或怀旧风味的东西、老奶奶亲手织的毯子或桌巾；某些高级小区所摆出来的东西就像精品店里的商品，让人对他们日常所用的东西充满了华丽的幻想。

即使不买东西，看看琳琅满目的东西也是充满了乐趣！

CLIP
& TAKE ALONG
GARAGE SALE
DEADLINE IS WEDNESDAY AT 4:00 P.M.
FOR FOLLOWING WEEKS PAPER

B-I-G Rummage sale: First Presbyterian Church, Macomb; **Thursday, April 7**, 9am-5pm, Low Prices; **Friday, April 8**, 9am-5pm, Half Price; **Saturday, April 9** till noon, $1 per bag. Lunch served on Thursday & Friday

Colchester: 839 Macomb St., Sat., April 9, 8am-Noon. Tons of 0m-2T boys clothes, new bowling ball/shoes, movies & more.

Garage Sale: Macomb, 424 W. Fisk, April 8th, 1-6pm & 9th, 8am-12pm. Baby furniture, NB-18mons girl clothing, 3-6mons-6-9monssummer, 12-18mons winter, glass end tables, TV, women's & juniors clothing, books.

Macomb: 902 E. Calhoun St. Sat. April 9 8am-Noon. Kids & female plus size clothes toys & much more.

每周报纸都会刊登有关车库大拍卖的消息。

我们在这些拍卖中捡到不少好东西，女儿们尤其爱逛车库大拍卖；夏天时，这是她们每周五放学后最期待的事情，因为这些拍卖中不乏许多的小玩具，除了便宜之外，有些主人看到这两个东方女孩还会大方地免费赠送或让她们自己开价，也难怪她们乐此不疲了！

犹记得全家人在新家度过的第一个夜晚，我利用大烤箱烤了香喷喷的鸡腿当晚餐，全家人围着雷借给我们的小餐桌吃饭，虽因时差还带着点疲惫，但心情上却是充满了刚到一个新环境怀有的兴奋感与新鲜感。

亘亘和如如开心地说着这几天的感想与所见所闻，对于第一次出来的她们而言，什么都是新鲜的。

“爸爸妈妈希望这一年能够成为你们一生中珍贵的回忆与经历，因为这些经历是非常特别的。”先生很认真地看着女儿们说。

“我们也希望你们能够借此看看世界，感受一下与不同肤色的小朋友一起上课的感觉。”我接着说。

亘亘和如如开心地点点头，对于到美国的小学上课，她们是兴奋多于害怕，可谓初生之犊不畏虎吧！

“希望我这一年英文可以学得很好！”亘亘举起鸡腿大声地说。

“我也是！我要去迪斯尼乐园玩！”这可是如如自从知道要来美国之后最大的心愿。

一户人家或者几个家庭一起合卖，东西种类多会较吸引人。

开心之后，我们马上面临了一个乌龙事件。在用晚餐时，感觉到四周围越来越暗，原本以为是因为疲倦所造成的视差，但后来全家几乎陷入黑暗之中时，我们才惊觉，原来美国的房子里很少有吊灯的设置。我们上下两层楼只有半边的客厅与厨房和厕所天花板上有灯，换句话说二楼全是黑暗的！这时我们才恍然大悟，为什么美国的房子或旅馆中会使用许多的立灯，因为普遍在房子的天花板上是没有拉管线的，因此多采用立灯来照明。

所以第一天的夜晚，我们全家是拿着台湾带来的小手电筒摸黑上床睡觉。那一晚，由于时差的关系，半夜三点小朋友们就醒来在弹簧床上上下地弹跳，所以我们决定天一亮时，在晨雾中一起开车四处兜兜风，一起看看未来要生活的环境与她们要就读的学校。这后来也成为我们最特别的回忆之一。

这一晚，象征着我们四个人新生活的开始。在异乡里，没有亲人与朋友环绕，只有我们一家人的心紧紧地系在一起。同时，我的内心里，更希望孩子能够永远记得爸爸妈妈在这一年当中全心全意的陪伴，以及全家人互通心意紧紧相系的感觉，为我们的“亲子存款簿”储存下满满的感情能量！

认识新邻居——比手画脚也能通

记得刚搬来这个小区的前几个星期，每天都在为安顿这个新家而忙碌着。某天下午，我们听到后门传来敲门声，心想我们刚来这里还没认识什么人啊！谁会来拜访，而且还是从后门？

一开门，发现是邻居黑人小女孩，头上绑着许许多多的小辫子，双手背在后面，怯怯地问："她们可以出来玩吗？"原来是来邀我们女儿出去玩的。

由于学校还没开学，刚到美国的前几周女儿们都是和我们在一起，因此还是处在家庭里的中文小圈圈中，我们自然很欣喜女儿能有机会与外国小孩接触，也很小心翼翼地维护这第一次的接触。

"要不要一起出去玩？"我转头问在一旁好奇探头的亘亘和如如。

两人一边好奇地张大着眼睛，一边用力地点点头。但老大还是忍不住说："但是你可不可以在旁边帮我们翻译？"还不会半句英文的她，对于第一次的接触难免会没有安全感。

当然可以啰！所以我们先出去陪她们聊聊天，帮她们互相介绍一下，并顺便了解一下这位小邻居。

她的名字是奈以莎，就住在我家后面那排房子，住在这个小区已经四年了，和我们家亘亘一样即将就读林肯小学的三年级。

我们翻译给女儿们听完之后就进屋去了，留下她们三个小女生在外头草皮玩。刚开始我看着她们“安静”地吹着泡泡，眼神互相瞄来瞄去且面露微笑，对彼此都充满了好奇心，但没有人想要先开口说话。先按捺不住的是奈以莎，她叽里呱啦地对女儿说了一些话，亘亘急急忙忙地打开门求救：“爸爸妈妈！她说什么我们听不懂，可不可以出来翻译一下？”于是我和阿嘉屋里屋外来来回回十几次在她们之间充当翻译。

很多人都说，孩子们想玩自己就会想办法，不理她们自然就会玩在一起了！我们原本也是这么想的，但试过之后发现，其实那要看孩子的个性和年纪，不是每个孩子都是这么容易“混”在一起的。因此，刚开始几次会建议她们玩什么，并且在孩子需要的时候充当翻译，也会鼓励亘亘她们主动去敲奈以莎家的门邀她出来玩。更重要的是，当孩子之间因为彼此的文化与习惯不同而引起冲突时，我们会事后解释给她们听，让她们了解为什么奈以莎对有些事情与她们的反应会不同。

刚开始，父母在一旁协助她们搭起一个友谊的桥梁，接下来就看她们自己啰！

渐渐地，孩子跑来找我们翻译的次数越来越少了，不是她们的英文进步了，而是她们已经找到一个相处的模式：奈以莎不断地对她们说英文，而我们家那两个则是持续地以中文应对。一搭一唱，各说各话却还能玩在一起，有时候我们在屋内观察她们时都不觉莞尔。孩子的世界真的很奇妙！

孩子在建立一个新关系的初期时，父母的引导很重要。尤其在不同文化的接触时，由于成长背景与价值观皆不同，更需要在旁协助。

后来加入游戏的孩子人数渐渐增加，孩子们会一个拉一个，尤其奈以莎在这里住得时间较久，小区里的孩子她全都认识，因此也会带其他的女孩来和亘亘、如如一起玩，我们也乐于她们在这里多交些朋友。

天气暖和时，常会看到小区里的孩子一群一群地在草皮上打球或玩耍。因此整个夏天，我们家女儿几乎都是放学后开了后门到草皮上玩耍，到天黑了才进屋。而我和先生有时则会搬个小桌子到后院，一边看着她们玩，一边吃着我做的甜点，喝个悠闲的下午茶。孩子们则是玩一下子就跑来桌边挖几口甜点吃，嘴巴还塞得鼓鼓的就又急急忙忙跑回去找朋友玩。

阿嘉和我看着绿地与树林，吹着徐徐的微风，这样悠闲的午后，对于平时忙碌的我们真的是一种奢侈！

幸好，我们来了！

心痛的牙医看诊记

在台湾时早已耳闻美国的医疗之贵，尤其以牙医最甚！

所以早在来美国前三个月我们全家人就很勤快地看牙医，到了离家前三天还去作最后的检查！

因两个女儿正值换牙期，虽早有心理准备，要一年不看牙医不太可能，但没想到这一天会来得这么快……

“妈妈！今天从我牙齿里掉了一块东西出来！”如如摸着牙齿说。

“什么！”这一惊可非同小可！老爸赶紧叫她张开嘴并帮她仔细检查。

结果竟然是她之前治疗蛀牙的填充物整块掉下来了！整颗牙齿就一个大洞在那里，她也一直喊痛，这下不治疗不行了！因此，当天孩子放学之后，我和先生就赶紧照着雷给我们的名片地址找牙医去！

因为这里的建筑物几乎都是平房，常是几家商店连在一块儿，而且从外表根本看不出来是什么店，所以我们花了一番功夫才找到。急忙想推门进去挂号，却发现门上锁了。看了门上的营业时间，你猜怎么着？它只营业到下午五点半，当时刚好是五点半！ 没办法了，只好明天起早过来！

隔天我们早上马上跑去挂号，结果护士说医生今天下午两点就会离开去度假了！

不会吧？营业时间是到下午五点半，而且当天是星期五，离下周一的劳动节放假还有好几天，要度假也未免太早了吧！

这与台湾真是大不相同，台湾的诊所看诊之勤快大概是世界第一了吧！

奈以莎口中含了一个万圣节用的吸血鬼假牙。

女儿们与邻居孩子在后院玩滑板车。

除了看诊时间长之外，连过年过节都还会挑几天开门服务病患，曾有人批评太抢钱了，但我倒是觉得台湾大部分的医生很敬业，且为病患着想。

而这家诊所，周一到周三上班时间从八点到五点半，到周四、周五则随之递减，周末当然是不营业啰！让我们大叹，难怪大家都要来美国当医生。

接下来就是惊心动魄的看诊体验了！

走进诊所，发现里面还挺大的，有三间诊疗间（皆是独立空间，维护病人隐私），器材与台湾大致相同。但不同的是，台湾牙医诊所会有一间专门照 X 光的房间，且拍照时，操作人员通常会出去并关门。但这里却是每张诊疗椅上皆有一个照 X 光设备，护士直接在女儿身上盖上防护衣后，就照 X 光了。没关门（因为没有门），而护士也一直站在旁边。

我低声对先生说："难道她们都不怕吗？"

不过相同的是，这里的护士也很会逗小孩玩，所以两个小女孩就像在台湾一样，并不畏惧看牙医。

但，这样的赞美在如如听到医生说她的牙齿须拔掉时随即崩塌，她突然跳下椅子，抱着我嚎啕大哭！她说因为之前有一次在台湾的拔牙很痛。（怪了！之前在台湾看牙医从没哭过啊！）

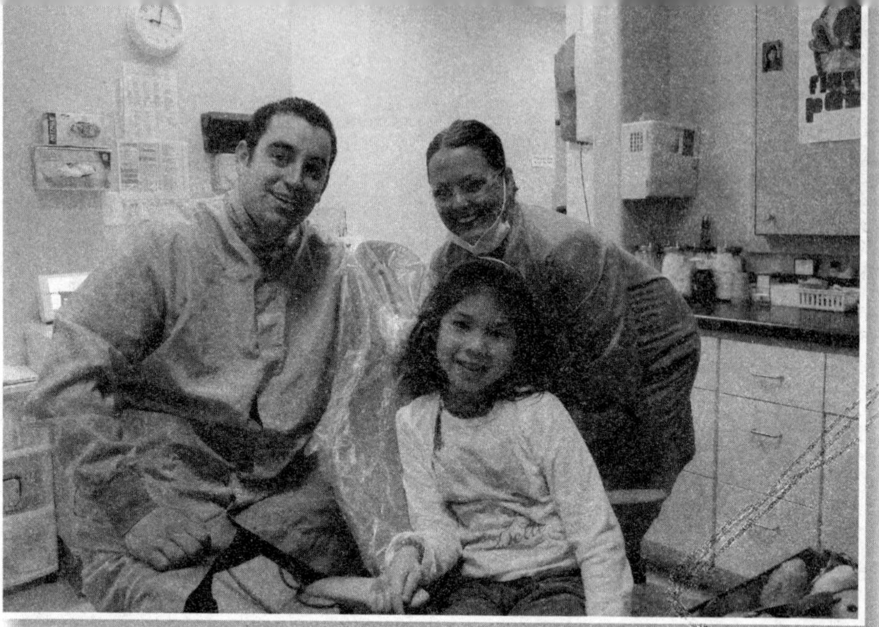

亘亘和牙医诊所的医生和护士合照。

如如一直哭个不停，我们一直安抚皆无效时，护士走来转达医生的话说："他可以先帮她上药，再转介到特别为儿童看诊的牙医诊所。"

那不就代表我要被收两次费用！那可不行！

所以我开始语带威胁地对如如说："如果再哭，医生就不看了，我们要再去别家，那么就需要付两次很贵很贵的钱，没钱了我们就要马上回台湾了……"

小家伙听后，强忍眼泪地走回诊疗台，并不停地问我痛不痛？我当然要强调这里医生很高明绝对不痛！（医疗费贵得要命，技术不高超怎对得起我们？）

结果心痛时刻来了！

倒不是孩子拔牙

Congratulate your child for a job well done.
当你的孩子做好他的工作时赞美他。

心痛（两个小家伙一边治疗一边看电视，惬意得很呢！），而是护士拿账单给我们时，我真的吓到心脏都快停了！账单上写着：亘亘补一颗牙要价三百一十美金！而如如拔一颗牙则是索价二百二十五美金。一个折合台币将近一万元，另一个则是七千多元！

我看着账单来回许多次，真怀疑我的眼睛是否看错了！也搞不懂为什么补牙的费用会比拔牙的还要高？ 但先生和我也得接受现实，不然又能如何呢？

事后，这里的诊所和台湾地区的一样拿出了一个玩具箱让孩子挑（都是不到一美元的小玩具），两个小女孩开心地东挑西拣的（那时我们正在付令人心在滴血的账单……）。

亘亘抬头问："可不可以拿两个？"我犹豫了一下，阿嘉马上说："拿啊！我们可是在这里花了将近两万元耶！"说的也是，何必客气呢！

出了诊所，我和阿嘉开始对孩子耳提面命："这一年都不可以再吃口香糖（之前曾因此将填充物粘下来），每晚睡前一定要刷牙，漱漱口水……我们可不想再来啦！"

美国的医疗制度

来到美国之后，我们全家对于台湾地区政府用心照顾好人民基本的医疗安全感，真的心怀感激！

后来经朋友介绍，我们换到另一家综合诊所，那里的牙医医生较专业，对于没有医疗保险的人也会有优惠，孩子们在那里获得了妥善的治疗。只不过新病人预约手续挺麻烦的，因为它只开放每个月初的某一天的某一个时间让你打电话预约，而且是预约下个月的看诊时间。换句话说，如果是牙疼需要就医，需等待约两个月的时间才看得到医生。记得回台之前亘亘下腹部疼痛，我们打电话到此诊所预约儿科，结果诊所的回答是："儿科与牙科不同系统，新病患请一个月前预约。"当场我们真是无言，肚子痛要怎么等一个月啊？让我顿时很怀念台湾医疗的方便。

亘亘和如如有一次在吃饭时就问我们："这里看病这么贵，那穷人生病了怎么办？"这问题问得好，我们也问过美国人同样的问题。每个人都是耸耸肩，一脸无奈地说："没办法，这就是美国的医疗制度。"大家深知此制度有问题，却无力改变它。

所以在美国如果没有保医疗保险真的很难生活，根据行政院经会二〇〇九年的资料，美国有16%的人口无法获得健康保险，且美国健康保险的费用在过去八年间增长了一倍，其速度是过去八年来薪资增长率的三点七倍。可以想见医疗保险费用已成为美国一般家庭沉重的负担。加上现在美国财政困难，即使是公务员，政府为其与其家属所负担的部分额度也逐年下降或限制增加，更何况是私人公司。再者，美国的医疗保险范围通常不包含牙医诊疗，即使有包含，给付金额也很少。

除了牙医诊疗之外，如果没有医疗保险的人感冒生病，即使支付昂贵的医药费，医生最后也有可能只是建议患者回家后多喝水和睡觉，并没有开药。

记得在台湾时常听说美国人崇尚让身体的免疫力自然地抵抗病菌，减少吃药的频率。但事实上根据当地人的说法是，看病和拿药都很贵，所以干脆让身体自然修复。除非是病毒感染等较严重的病才去就医，如果只是伤风感冒，他们会到卖场直接买成药来吃。所以美国的成药很盛行，每次一波流行感冒，去到卖场，你就会发现在药柜前面有不少人在买药。

为什么医疗费如此高昂呢？WIU 退休教授艾尔说，其中一个因素是因为美国人法治观念太强，动不动就告状。例如：这里几乎很多人买房子都会加买保险，否则假如你的朋友在家里或门口跌倒了也是可以告你的；而因为医生太容易被病人状告，所以美国的医生为了避免承担医疗事故的法律责任，都会自行加保保险并增加药检程序，而这份支出又会转嫁到病人的身上，一层牵动一层造就了居高不下的医疗费用。我们在美国认识的一位台湾医生说，他每年在这部分需付的保险费就高达台币六十万元以上。

美国总统奥巴马上任之后即努力改革美国的医疗制度。但所有的改革者所面临的最大问题都一样，就是利益的纠葛。美国医疗的开支目前占国内生产总值的 17%，无疑是一块利益的大饼。保险公司、制药公司、医院，皆为受益者。可以想见当奥巴马总统在推动此项改革时会遭受到多大的反对声浪。不过美国对于低收入家庭的医疗照顾有提供医疗补助计划，另针对中低收入家庭之儿童，各州儿童健康保险方案（State Children Health Insurance Programs, SCHIP）亦提供医疗保险费用补助。

例如亘亘的同学约翰，他们全家是从大陆依亲移民过来的，他的母亲表示，她来这里生了两个孩子，每一次的费用都是一万美金！但因他们有低收入证明，因此无须自行负担费用。他们家每个月还有失业救济金及粮食津贴，孩子生病也不需负担高额诊疗费。政府的协助，至少帮助他们能够拥有基本的生活条件能力。

美国的医疗制度也提供低收入户到急诊室享有免费的福利，虽然部分美国人会抱怨有些人会滥用资源，只要头痛或感冒就去急诊室，浪费了大家的纳税钱。但换个角度想，如果国家医疗制度健全，人民生病就能直接看医生，根本就不必要这么做了。**如果人民连生病的权利都没有，哪谈得上基本的生活安全感**？实在让人感叹一个先进国家的医疗制度不该如此，越先进的国家应该更照顾人民的福祉才是，而医疗是人民生活最基本的需求啊！

艾尔教授还告诉我们，当他还在教书时，都会先问学生：如果你发生临时状况时，要不要帮你叫救护车？因为救护车跑一趟，不管你有没有用到它，就要收取约台币一万元的费用，所以在美国可不能好心地随便帮别人叫救护车啊！

在美国这一年，孩子们不能吃口香糖是小事，重点是我们一直很小心翼翼的，希望孩子可别不小心扭伤脚、受重伤或者生重病的，因为光想到那医药费就令人头皮发麻。在美国，弱势的人民（没有医疗保险的人）是没有生病权利的！

相较之下，对于台湾地区政府用心照顾人民基本的医疗安全感，我真的心怀感激，台湾真好！

参观林肯小学

由于在台湾时我已与林肯小学联系过，因此学校几个月前就寄一大叠需填写的表格与资料到台湾给我。当新家一切已安顿好之后，阿嘉和我就带着女儿与那一袋资料到学校报到，顺便让孩子们先看一下未来就读的学校，熟悉一下新环境以减少不安感。

学校图书馆馆员普拉太太很热心地带着我们参观校园及二、三年级的教室。

由于校舍空间不足（一个年级有七个班），所以林肯小学只包含幼儿园到三年级（K-3），四到六年级的学生要到另一所小学就读。美国的学制一般是小学五年，初中三年，高中四年，但州别不同会略有差异，马科姆这里的小学则与台湾相同，共有六年。但小学六个年级拆成两个学校的方式在美国并不常见，大多数的学校仍是小学阶段皆在同一个学校。

说实在的，有机会走进去参观美国的小学教学现场，先生和我与女儿们的心情是同样兴奋的。女儿能实地进入当地小学就读，而我们也成为名副其实的家长，能够如此贴近与深入地观察美国小学教育，身为教育工作者的我们怎能不兴奋呢?

整所林肯小学就在一个封闭式的平房建筑物中。走进学校大门，映入眼中的是一条长长的走廊，通往的是医护室、图书馆、运动场和餐厅。进门拐个弯则是教室区，每个教室都紧邻相接，门牌上写的不是几年几班，而是老师的名字，例如：露易丝太太、哈柏小姐，等等。

亘亘和如如在学校前合照。

在 Walmart 所提供的各校开学用品清单。

“学校下星期一会公布分班的名单，我们会贴在大门口，到时候就可以知道你们的老师是谁了。”负责接待我们的图书馆阿姨普拉太太，笑咪咪地弯下腰对亘亘和如如说。

女儿们急着想知道普拉太太说什么，所以马上以央求的眼神看着我们。先生和我一边参观一边翻译给她们听，两个小妮子开心得很，看得出来她们对于这个与台湾截然不同的教学环境很感兴趣。

“这是餐厅，我们学校提供早餐，你们可以自由选择，午餐也是在这里吃。”普拉太太打开餐厅的门让我们看看里面。

餐厅前一小部分是领取餐点的地方，后半部则是排了许多长条大桌的用餐区。女儿们想到之前在网络上看到的菜单很是期待。

小小的学校里还有一个室内的体育场，里面一应俱全，是个多功能使用的空间。

“我们学校两年前装了冷气呢！”普拉太太略带骄傲的语气说。

我环顾封闭式的四周环境，心想：如果之前都没有装冷气，那整个学校不就很热啰！但听当地人说，最近这几年的天气才逐渐变热，许多人的家里原本只有暖气，现在也开始装冷气了。不管怎么说，学校里的教室都有冷暖气还是很令在台湾地区每天都是挥汗上课的老师和学生们羡慕呢！

ABC's for Parents

Discuss homework with your child.
与你的孩子讨论功课。

向普拉太太道谢后，在走到停车场的路上我低头轻声地问两个女儿："怎么样？喜欢这里吗？"希望她们能喜欢这个新学校并减少她们的紧张感。

亘亘和如如很开心地用力点点头，面露期待的神情。看来目前孩子们对于新环境的好奇与兴奋应胜于恐惧，我和阿嘉也就放心不少。

在学校开学以前，我们还有一项重要的准备工作要做，就是帮女儿们采买上学用具。

一走进大卖场，你就可以看到一个放满清单的柜子，上面放的是马科姆所有学校各年级的需求清单，每个学生须按照上面所列的物品在开学日时带到学校去。

我看了一下林肯小学的清单，要带的东西还真不少呢！光是铅笔就要三大盒，美国不是功课很少吗？我很疑惑，一个小学生一学年需要用到七十二支铅笔吗？后来才知道，原来这些东西有部分是提供全班共同使用的，学生不需要带铅笔盒，因为老师会在每组桌上放一桶铅笔供大家使用，用完了就补充，来源就是这些每学年初家长们所提供的铅笔。

美国小学的班亲会（Back-to-school night）

刚开学时，台湾地区的中小学会举办“班亲会”，主要是让老师与家长互相熟悉，并且提供亲师沟通管道，让家长了解这学期学校与班级中会有哪些教学活动与注意事项，教师也会趁此机会说明自己的教导方式等讯息。美国小学也一样，林肯小学的班亲会是在开学的前一天晚上举办。

当天早上，妹妹突然收到她的老师寄的信，她开心不已，急忙要我翻译给她听，我也很好奇地坐直身子，仔细地念给她听。

信中老师向每个孩子自我介绍，并述说自己的兴趣以及多么期待即将与学生们共度的时光等等……

如如听完之后眼睛发亮并且开心地说：“这封信可不可以给我？”

教室外的墙壁上贴满了学生的作品。

“当然！这封信本来就是写给你的！”我笑着说。

第一次收到信封上印着自己姓名的信令她非常欣喜，看着她珍惜地将信收到自己的抽屉里，一旁的亘亘也嘟囔着说：“好希望也收到老师的信哦！”

ABC's for Parents

Encourage your child to read.
鼓励你的孩子阅读。

我抱着她的肩膀安慰她说："每个老师的做法不同，关心学生的方式也不同，我相信你的老师也是个很好的老师！"亘亘嘟着嘴点点头。

如如收到这封信除了让我很惊讶之外，也感到很欣慰。因为前几天分班名单公布之后，我们登入学校网站让她们看级任老师的长相时，赫然发现妹妹的老师是西班牙裔美国人。由于肤色偏黑，如如一看照片就大喊："我不要让黑人教！"

我纠正她："是非洲裔美国人（African American）。"身处美国，一定要跟孩子强调当地的礼貌用词，尤其是在种族问题上。但是孩子哪管你是什么裔，当时她根本搞不懂种族与国籍之间的分野。

初到美国的她，对于非洲裔美国人有些害怕，可能是因为外表较不相同，因此之前她一直祈祷级任老师不要是非洲裔美国人；想不到，越不希望的人却越会"中头签"！

但老师开学前的这封信让她的畏惧马上烟消云散，还开心地用笃定的口吻说："我们老师应该是西班牙人吧！因为她的肤色没那么黑！"这句话让我们三人忍不住大笑地说："你也变太快了吧！"

由此感受到美国和台湾地区不同的教育理念："尊重每个孩子为一个独立个体"在台湾地区的做法，学校里的信都是给家长的，仿佛家长才是老师们对谈的"对象"，而孩子则是排在家长之后。

晚上六点班亲会开始，我和阿嘉各带一个女儿分别进入她们的教室。

亘亘的老师是汉柔小姐，有着一头及肩的棕发，浅浅的酒窝，是一位年轻、喜欢与学生开玩笑的小姐。

如如的老师则是汶特斯太太，有着一头棕黑色的卷发及巧克力般的肤色，粗粗的眉毛，脸上总是挂着灿烂的笑容。

我带着亘亘走进“汉柔小姐教室”。一进教室，每个小朋友的桌上已摆好名牌及一叠数据。这让我想到在台湾时参加女儿班上班亲会的情形，桌上也是摆着整齐的课本与数据。不论是美国或台湾地区的小学老师皆相当用心经营亲师第一次见面的。

资料中包含校规、本县的教育规定及级任老师的规定与经营理念，还有一些表格。光看这一大叠资料我就觉得头晕，尤其是长达十几页的校规更是让我谨慎地阅读着，深怕因为文化的差异而让女儿犯错却不自知。

在我们的印象里美国小学一向是施行小班制的，在台湾地区争取小班制的过程中，美国常被拿来做比较的对象。犹记得学生时代看到的美国学校照片，都是十几个小朋友围着老师上课的情景居多。因此我好奇地数了桌上的名牌，发现姐姐的班上总共有二十四个小朋友，比我想象中的多。这样的人数已与目前台湾地区小学差不多（据统计九十九学年度平均每班学生人数为二十五点九人），如如班上的人数也一样多。

听汉柔小姐说完注意事项后，我趋前向她介绍亘亘，并说明她不会英文，不知学校是否有什么课程可以协助她？汉柔小姐第一件事并不是回答我的问题，而是弯腰伸出手来与亘亘握手，并且问候她；同样的情形也发生在汶特斯太太与如如身上。

我和阿嘉发现在这所小学里所遇到的师长，交谈时皆是先与小孩子握手而不是家长，而且与孩子握手时都是很认真专注地看着她。而台湾地区长大的女儿们不习惯突然被当成大人对待般，常不知所措。这时我和阿嘉为避免尴尬，就会伸出手与对方握手；但也让我们再度见识到**这里的师长们将学生视为一个独立个体的尊重**。

从老师的言谈之中，我们才知道这个学校竟然没有专为外国学生所设立的 ESL（ English as a Second Language ）课程。基于对美国教育的了解，美国的学校皆会为外国学生安排 ESL 课程，以协助他们学习及适应环境。来美之前，我也曾经询问过林肯小学的校长蓝斯女士，她给我的响应是学校有许多关于这方面的教材与资源，叫我不用担心。

这下好了，原本预计要让女儿在这里接受美国专业的英文指导，结果万万想不到这个小城镇唯一的一所小学里竟然没有，这下该怎么办？

或许是我的忧虑马上挂在脸上，旁边一位美国太太主动安慰我说，她

ABC's for Parents

Find a quiet place for your child to study.
安排一个安静的地方让孩子念书。

去年认识一个日本小孩，来的时候一个英文字都不会讲，过了六个月之后就没问题了，建议我不要太担心。她的话让我的忧虑暂时减轻了不少，毕竟我们已来到了这里，就先静观其变吧！

当晚回到家后，我与阿嘉就开始研读那叠厚厚的资料，发现学校的校规挺严格的：校规明文规定作业迟交一天只能拿到百分之七十五以下的学分数；迟交两天则以零分计算！

好严格啊！阿嘉不以为然地说："台湾的校规也有规定作业没交要记警告啊！只是老师通常不会真的依照规定执行罢了！"说的也是，但我想大家都说台湾地区人讲求"情理法"，美国人则是"法理情"。所以到底会不会严格执行，我们还是小心为妙！

并且校长一年只批准十二天没有医生证明的请假。迟到的学生只能从办公室进去，且记录签名，也明列处罚条款等。当然，校规总是要写些严刑峻法来吓阻学生犯规，实际实施情形还未知。但一直以来耳闻美国是个法治国家，非常重视开学前家长所签的这些文件（没错，家长阅读完要签名），它会视为你已详细阅读并已了解，如犯错则责无旁贷，按照"法"来！

这些签署皆是具法律效用的，因此我想，在别人的地盘上，还是不要测试其执法的严格度，还是乖乖按表操课吧！（不过事后证明，校规果然都是写出最严峻的结果，老师通常都会给学生改过的机会。）

另外，第二件好奇的事就是关于放假！中外皆同啊！马上来数数看日历上放假的日子有多少。

如如的教室

结果发现，每个月至少会放假一天！ 例如：开学一周后则是九月六日劳动节（Labor Day）放假一天。

数了一数，整学年似乎月月在放假，暑假也有将近三个月那么长，而且学校还“贴心”地将放假日调整成连假。身为家长的我们不禁心想，在校学习时间也未免太短了吧！

事实上，美国高中与中小学每一学年的上课天数皆是由各州决定的，因此各州的公立学校上课天数不尽相同，但平均皆在一百八十天左右。换句话说，一年当中有超过一半以上的时间是不用上学的。

而台湾地区施行九年一贯课程之后，教育部门规定的全年授课时数则以二百天为原则。如果单以天数来判断，台湾地区的孩子一年只比美国的孩子多了二十天的课程，感觉上似乎差距不大。如果以节数来计算时，根据台湾教师会二〇一〇年资料指出，台湾的小学生一至六年级总基本上课节数为六千四百节，而美国小学平均为六千〇七十节，台湾的小学生一年足足多上了三百三十节课。如一天以七节课计算，三百三十节除以七节（一

天）约四十七天，台湾地区学生则是多上了四十七天的课呢！

但从另一个角度来看，美国与台湾地区的教育体制都有其文化背景渊源的，我们常一味地认为美国的教育较自由、学生较轻松、学习无压力，因此也常在上课时数上做文章。殊不知增加上课天数也是美国教育改革的重点之一，美国的教育委员会仍不断地向全国每校上课天数都能达到两百天的目标而努力。但由于延长上课天数最重要的考虑在于经费预算，这也是美国为何迟迟无法增加上课天数的主要原因。

事实上许多的研究统计显示，上课时间的长短与其学业成就是没有显著相关的。但学生的上课天数一直是各国及地区教育改革的重要议题之一，其重要性还是不容忽视的。因为就教育的立场而言，学校的功能不只是提高学生的学习成绩而已，还包含人格的养成、团体的互动、性格的陶冶，等等，这些都有着其不可替代性。至于学生到底该留在学校多久呢？到底是西方的做法好抑或是东方的做法佳呢？我想这将会是一个永远令人争议的议题吧！

家长在体育馆排队，安排有关课后安亲、学校巴士以及午餐事宜。

Easter（复活节）捡彩蛋。

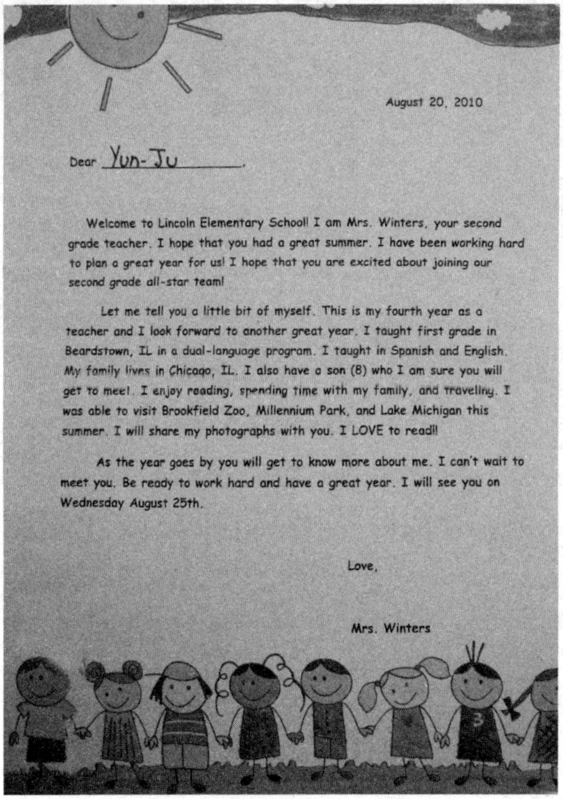

August 20, 2010

Dear Yun-Ju,

Welcome to Lincoln Elementary School! I am Mrs. Winters, your second grade teacher. I hope that you had a great summer. I have been working hard to plan a great year for us! I hope that you are excited about joining our second grade all-star team!

Let me tell you a little bit of myself. This is my fourth year as a teacher and I look forward to another great year. I taught first grade in Beardstown, IL in a dual-language program. I taught in Spanish and English. My family lives in Chicago, IL. I also have a son (8) who I am sure you will get to meet. I enjoy reading, spending time with my family, and traveling. I was able to visit Brookfield Zoo, Millennium Park, and Lake Michigan this summer. I will share my photographs with you. I LOVE to read!

As the year goes by you will get to know more about me. I can't wait to meet you. Be ready to work hard and have a great year. I will see you on Wednesday August 25th.

Love,

Mrs. Winters

如如的老师开学前寄来的自我介绍信。

学期放假表

10 月 11 日	哥伦布日（Columbus Day）
10 月 28 至 29 日	万圣节（10 月 31 日）连假
11 月 12 日	学校准备日
11 月 24 至 26 日	感恩节（Thanksgiving Day）
12 月 23 日至 1 月 1 日	寒假（包含周日及 1 月 3 日的学校准备日，共放 12 天假）
1 月 17 日	马丁·路德纪念日（M.L. King, Jr's Birthday Observance）
2 月 21 日	总统节（President's Day）。这就有趣了，马科姆的中小学与大学因主管机关不同，前者庆祝的是纪念华盛顿总统的生日，后者则是庆祝林肯总统的生日，因此同一个地方放假的日子还不相同呢！
3 月 14 至 18 日	春假
4 月 22 日	春假 (Spring Break)。（复活节在每年春分月圆之后第一个星期日，今年为 4 月 24 日星期五。通常他们会从前一个星期五，即耶稣受难日一起放假）
5 月 27 日	学期结束（如果没有因暴风雪放假的话）
5 月 30 日	阵亡将士纪念日（Memorial Day）
6 月 6 日	学期末（如果所有的暴风雪假都用上的话）

这里列出的为马科姆小学的共同行事历，其他地方的学校会略有差异。

NEW EXPERIENCE IN AMERICA

III

两姐妹的美国小学初体验

两姐妹第一天到陌生的学校上学，

在语言完全不通的情况之下，

要如何协助她们跨出交朋友的第一步呢？

在台湾时常听到人说："美国人都是……"或"美国都是怎么做……"之类的话语，其实多半略嫌偏颇。在美国，如果你问美国人"一般性"的问题时（例如：美国的小学都是早上七点半上学吗？）他们多会回答你说："以我们这一州来说……"因为连美国人也不敢以自己州别的情况来以此类推于全国。

因此以下我的观察与经历皆是以"伊利诺伊州的林肯小学"为主，并不能代表全美国。但其中也包含一些其他教育人员以及美国当地人的看法，提供给大家参考与思量。

重金之下必有"勇夫"

开学前几天，孩子们表现出既兴奋又带点不安的情绪，原本以为她们会唧唧喳喳地问一大堆问题，结果一反常态的，两个小女生倒是挺安静的。

我忍不住问她们："你们会紧张吗？"两个小脑袋像是说好了似的一起摇了摇。

"要上学了，真的不紧张？有没有问题要问爸爸妈妈的？"

亘亘抢先说："是有点紧张啦！但是也很兴奋。"如如在旁边跟着点头，这小妮子倒是表现出一副不知紧张为何物的样子。

亘亘两手一摊继续说："因为我们对美国小学一点也不了解，所以也不知有啥问题好问的。"

说的也是，我和先生也不知在美国念小学是什么样的状况，因此根本无法用在台湾地区的成长经验来"推论"可能会发生的事。

因此老爸只教了她们想上厕所时应该怎么跟老师说，并且用角色扮演的方式和她们模拟了如何以英文自我介绍之后，其余的就留给孩子们自行去探索了！

上小学，是她们开始接触美国社会的第一步，真正由她们自己独立踏出的第一步。在这里是全英文的环境，没有父母的帮忙，也无法靠自己的语言沟通，她们必须自己学会察言观色，并且融入种族融合的班级里。这是孩子们必须面对的历练，也是千里迢迢来美国所希望她们得到的体验之一。

话虽如此，当父母的还是要帮助她们踏出第一步，先作好心理建设并引导她们正面思考。因此我和阿嘉想出一个办法，就是给予“重赏”！

我们和孩子们说好，如果认识一个朋友就给“五块钱美金”，并且说好所谓的“认识”指的是有互相介绍姓名，并要将对方的名字写下来，以此为凭据来领钱。

有很多专家学者都呼吁，不建议以钱或物质和孩子交换条件，并推测

这是孩子们自己必须面对的历练，全英文的环境，没有父母的帮忙她们必须自己学会察言观色，并且融入种族融合的班级里。

这样做法对孩子未来的价值观与处事态度可能产生不好的影响，我也听说过这样的论点，我也不赞成用金钱和物质来收买小孩或满足父母自己的补偿心态。

但是，每一项教育原则都有它不同的适用背景与情况。不是将甲的情形套用到乙就会产生相同的结果。因为孩子与你的互动情形如何，你自己最清楚。

所以我们采用的方式是，事先向孩子说明为什么要给她们这样的奖励方式，并且约定好在美国期间这就是她们的零用钱，希望她们好好珍惜花用。然后在家和她们演练如何认识新朋友，鼓励她们在约定的一周内努力的“赚”零用钱！

果然“重赏之下必有勇夫”，两个小女孩摩拳擦掌地期待着开学。由于在台湾她们的零用钱是靠月考成绩换来的，一科九十五分以上才有三十元，姐姐常大叹钱难赚啊！（拜托！这句话应该是我和你爸说的吧！）来到美国，竟然交一个朋友就能赚到五美金（折合台币约一百五十元），算算她们班上各有二十四个小朋友，如果全认识，可以得到一百二十美金，这笔钱对她们而言是个大数目，所以姐妹俩兴奋得不得了！

自从我们宣布此约定之后，两个小女生每天都拿着全班的名单，两个小头聚在一起唧唧喳喳交头接耳地不停谈论着可以“赚”到多少钱。亘亘还不时叉着腰，夸张地哇哈哈大笑着对我和她老爸说：“我绝对会赚到很多钱的！我一定要认识班上所有的人！”

如如也不甘示弱地搭腔说：“我才是会赚到最多钱的人！”这个小妮子已经在盘算着要买几个芭比娃娃了。

我和阿嘉则是在旁边假哭着说：“呜呜呜！我们亏大啦！”然后全家笑成一团！

我想亘亘和如如心中的紧张感多少已经被“赚钱”的动力取代了不少。

紧张又刺激的开学日终于到了！

女儿们的心情可用“又期待又怕受伤害”来形容，兴奋的小脸庞上同时也透露出一丝丝的紧张！在送她们到学校的路上，我和先生一边帮她们复习上厕所的英文怎么说，一边提醒她们到学校要注意的事情，一转眼，学校就到了！

不管刮风或下雪，每天放学时老师都会带着家长接送的学生在接送区排队等候。

ABC's for Parents

Give your child responsibilities.
协助孩子附有负责感（例如交予孩子每天负责洗碗的家事）。

林肯学校（Lincoln school）为避免上学时间塞车，规定了家长接送的路线及时间。家长的车子必须沿着学校所标示的接送线排队，缓缓地前进到指定地点才能放下学生。原本令人感觉空旷的小镇，这时涌入了许多的车辆来到小学四周，我们这才发觉，原来这里也住了许多人啊！我们一边开车缓缓地接近学校，一边从车窗往外观察。看到有一些孩子是由父母牵着走进学校的，让原本忐忑不安的如如忍不住问："妈妈，你可以带我们下车吗？"

我内心挣扎了一下，由于之前以为家长不能带孩子进入学校，已事先在前一天班亲会时带女儿们复习教室与餐厅位置以及一些基本的应对了，原本给孩子们所建立的心理准备就是，今天由你们自己去闯了！

但是此时，到底是该放手还是不放手？我内心因为女儿的一句话而拉锯着。

结果我想了一下，试探性地问："要不要自己试试看？"

想不到两姐妹不假思索地说："好！"然后与我们快乐地挥手说再见。

我放松地吐了一口气，心想孩子果然比我们想象中的还有勇气啊！（其实放不开的是父母？刚刚我到底是为了什么在内心拉锯着啊？）

我和阿嘉忐忑不安地望着两个逐渐变小的身影走进学校。看着她们两个"相依为命"的身影，我突然颇有感触地对阿嘉说："还好我们生了两个孩子可以互相做伴！"因为有两个孩子，所以在面对陌生环境时她们能够互相照应互相陪伴，并且有个对谈与依赖的对象，相信她们心里会更踏实，同时降低孩子单独置身于一个听不懂也看不懂的世界中之恐慌。

看着她们两个『相依为命』的身影，我放松地吐了一口气，心想孩子果然比我们想象中的还有勇气啊！

一方面我的心中同时也挺激动的，原本老是依偎在我们怀中的小宝贝们真的长大了，面对一个语言完全不通的陌生环境，胆子比大人还大，换成是我们，还不见得能够如此无畏地大步前进呢！

整个早上我根本无心做其他事，挂念着女儿们今天在学校不知过得如何。对于这个新环境她们目前只能充当聋子和哑巴，一切靠眼睛观察，想必神经也紧绷了整个早上吧！

我和先生迫不及待地想知道小女孩们今天过得如何，到了学校附近，发现接送孩子的车队已排了一长排了，看来开学第一天家长们都是以迫不及待的心情来接孩子！

在等待期间，阿嘉突然冒出一句话：“我好羡慕女儿哦！”

我先是愣了一下，想了想也是，我也很羡慕呢！我从小就有留学的梦，在联考的重重压力之下，很希望能徜徉在西方的自由教育环境下学习与熏陶，此刻女儿何尝不是正在体验我们曾拥有过的梦？我们的确很羡慕她们能亲身进入环境，实际在美国小学中学习与体验呢！

好不容易轮到我们的车子终于前进至老师与小朋友们的队伍前，女儿们看到我们马上笑开了脸跑过来扑进我们的怀里！由于老爸和老妈迫不及待地想知道她们今天在学校的情形，因此在回家之前特别拐到麦当劳吃冰淇淋，听听她们怎么说！两个小姊妹露出笑脸开心地舔着冰淇淋，并且争先恐后地唧唧喳喳地述说着今天发生的事。

“我带了翻译机哦！所以老师会在上面打字和我沟通！”亘亘抢先说。

“我今天有和一个美国人玩哦！”如如也抢着说。

接着两个小女孩就开始唧唧喳喳地述说着今天的“冒险”经历，不时还因为抢话而争吵着。

待女儿们分享完她们第一天的冒险之后，老爸总结性地问了一句话：“你们觉得今天好不好玩？”

两个女儿毫不迟疑地大声说：“好玩！”我们这才放下心中的石头。虽然未来还有一年，但有好的开始就是成功的一半，不是吗？

晚上我们全家人去吃了肯德基，虽在美国期间我大多在家下厨（外出用餐所费不赀），但今天是特别的日子，为奖励她们今天的勇敢，就让她们大快朵颐一下吧！

22美元的肯德基十块炸鸡套餐。（不管在价位还是口味上，都是台湾胜出！）

种族融合的班级

当班上同学的面孔不再单单只有黄皮肤、黑头发时，孩子们开始意识到原来世界上不是只有台湾地区人，原来不是在美国看到的人都是美国人！种族与国籍的概念在她们小小的脑袋中开始慢慢成形。

记得女儿们初到美国时，只要在路上看到黄皮肤黑头发，外表与我们相似的人，就会拉着我们说："你们看，那边有台湾人！"而只要是看到与我们不同肤色与发色的人就会说："你们看，那边有外国人！"

这时我们就会笑着回答她们说："在这里，你们才是外国人啦！"

在这个小学校中，还是以白人居多，亚洲人所占比例并不高，亘亘和如如虽都不是班上唯一的亚洲人，但也算是"唯二"了。

一天，饭桌上如如一边奋力切着猪排一边说："今天我们班上的澄澄说她姐姐是在德国生的，她是在日本生的，她们两个都是中国人，但她的小弟弟是在美国生的，所以是美国人。好奇怪哦！为什么只有弟弟是美国人？"

"对啊！我们班的梅根，之前我以为他是美国人，结果今天老师说他也是外国小孩，跟我一样耶！可是他的英文很好啊！不是大家都是美国人吗？"亘亘疑惑地说。

澄澄是如如班上另一位亚洲人，老师担心如如刚来时语言不通会不适应，因此安排这个可爱的小女生和她坐在一起，并充当小翻译。日子一久，两个小女孩变成了无话不说的好朋友，整天形影不离的。澄澄的父母皆是大陆人，之前待过德国与日本，四年前才来到美国。她的父亲是 WIU 的教授，母亲则在 WIU 修教育硕士。两家的大人很谈得来，孩子们年龄相仿又投缘，因此这一年当中我们来往频繁，孩子们常常约到她家玩，不然就是到我家玩。

“我们所谓的中国人和美国人，指的是国籍而不是种族或民族。”爸爸说。看着孩子疑惑的表情，他试着以较简单的方式来解释这个对她们而言是复杂的问题：“澄澄的爸爸是中国人，他如果来到美国取得了美国国籍就是我们说的美国人，换句话说，是拥有美国籍的中国人。”

两个小脑袋瓜似乎被弄得迷迷糊糊的，这的确不是个三言两语就能说清楚的概念。“国籍与种族或民族最大的不同是，国籍是可以更改的；但是种族和民族是不能改变的。例如：你嫁给英国人就可以申请英国籍，成为英国公民，但你的外表永远是黄皮肤和黑头发。”我接着解释。

“所以我们到底是什么人？”如如疑惑地问。

“以国籍来说，我们是中国人，以种族来说，我们是黄种人，在美国这里则被称为亚洲人，和日本人与韩国人一样。如果以民族来分，我们则属于汉族，一个国家里可以同时有很多的民族，像中国就有满、汉、蒙、回、藏、苗、瑶等族。”老爸以歌唱式的方式唱出这些民族的名称，逗得女儿们哈哈大笑。

“我知道了！所以梅根他外表长得像美国人，但因为他没有取得美国国籍，所以其实他还是他们国家的人，只是住在美国而已。”亘亘一副恍然大悟的样子。

“对了！”我和阿嘉异口同声地说，看来她懂了！

“那澄澄她家为什么只有她的弟弟是美国人呢？”如如问。这又是另一个复杂的问题了。

老爸想了一下如何用最简单的方式来解释：“有些国家的国籍是‘属地主义’，意思就是说你在哪里出生的就获得那个国家的国籍，例如：澄澄的弟弟就是。有些国家则是‘属人主义’，就是不管你在哪里出生的，你就会

ABC's for Parents

Hug your child to build self-worth.
拥抱你的孩子以建立他的自我价值感。

获得父母其中一方或双方的国籍。"

"就像澄澄和她姐姐一样，虽然她们一个是在德国生的，一个是在日本生的，但她们两个都还是中国人，对不对？"如如抢着说。

看到我们点点头，她很开心地说："我懂了！"

每次谈论到这类的话题，我们全家就会坐在贴有世界地图的墙壁前，大家兴致高昂地谈论着，我们也会一边指着地图，一边说明给她们听。即使阿嘉常长篇大论，说得浑然忘我，连军事、经济、石油危机等都一起谈论了，但女儿们仍然听得津津有味，并不时提出问题来。

"我们一般指的 America 其实不是只指美国，对吧？老师说，这一块也都是 America。"亘亘指着地图上加拿大及南美洲的部分说。

没错。以前我们听到 America 都直觉是指美国，事实上它同时也指美洲。如果你与除了美国之外的美洲系国家（例如：巴西或萨尔瓦多）的人提到 America 时，他们都会先问你，你指的是 United States 吗？因为整个美洲都叫作 America！

虽然这些复杂的政治与国家方面的议题不是三言两语就能让孩子全盘

根据林肯小学 2010 年的年度报告显示，学校里学生（k-3）的种族（亦称人种）比例中，有 75.4% 白人（White），9.1% 黑人（Black），3.7% 亚洲人 / 太平洋岛民（Asian/ Pacific Islander），0.2% 美国原住民（Native American），10.6% 多种族 / 民族（ Multi racial/Ethnic）。

了解，但趁现在她们很乐于听爸妈“讲古”的时候，耐心地多花点时间一遍又一遍地和她们叙说与讨论。我相信这些记忆会不断地在她们的心中留下足迹，渐渐地刻画出一个鲜明的图案！

经过这一年来多次亲子之间的对话，我可以看得出来，女儿们已经透过这个多种族多文化的环境逐渐看到全世界，她们心中的地图也从中国地图扩展成了世界地图！

阅读能力好，成绩就会好？

刚开学时，女儿们的老师发给每位学生一个资料夹，最主要的用途是放回家的作业、通知单及做完的课堂练习与作品。她们每天放学回家第一件事就是要将数据夹拿出来给我，因为她们还看不懂那些发回来的纸张到底上面写的是什么，因此翻译给她们听，协助她们了解学校的讯息是我和先生每天的工作。

看她们学校所发回来的通知单以及作业练习是我的一大乐趣，因为我非常好奇美国小学的活动以及教学的内容。记得刚开学时，我挺期待看到她们的功课表。

但我后来发现，这里的小学似乎不怎么看中它，因为老师根本没有发给学生所谓的“功课表”，每天我都问女儿在学校做了什么事，语言不通的她们根本是丈二金刚摸不着头脑的，只说有阅读、数学还有出去玩，等等。等到她们渐渐摸熟了学校的作息，而我也有机会进到教室参与她们的班上活动时，才较清楚她们每天在学校到底都在做些什么。

如如的老师汶特斯太太细心地将“功课表”贴在教室的柜门上，全班一星期的作息清楚明了。二年级的课程每天固定有阅读（Reading）、写作（Writing）与数学（Math），下午则会有一节艺能课（体育、美术、音乐等）。除此之外，上、下午则皆有一个十五分钟的休息时间（recess）。三年级的课程也大致相同，只是艺能课以及休息时间不相同而已。

ABC's for Parents

Include your child in making simple family decisions.
让你的孩子参与简单的家庭决策。

她们的课程内容还包含自然科学（Science）与社会（Social Studies）两科，大多穿插在阅读时间进行教学。这里也没有所谓的下课时间，我曾经好奇地问女儿：“如果要上厕所怎么办？”她回答说：“就跟老师报告一下就可以去啦！想要喝水也是。”

如如教室门口贴着每位学生的名字。

这张作息表最引起我注意的是，上面每一种课程的授课时间皆不尽相同，与台湾功课表通常整齐划一的长相大异其趣。例如每天上午的阅读时间足足有一个小时又四十五分钟，完全颠覆台湾小学制定每节授课时间只有四十分钟的理由：小学生专注力的时间较短。如果从表面上来看，可能会认为是不是因为美国孩子的专注力较强或者老师会教所以可以吸引孩子注意力的缘故，事实上这与授课的方式有关系；全然由教师讲授的课程，也就是老师站在讲台上讲课，学生坐在底下听（这也是我们最熟悉的方式），这种方式孩子们保持专注的时间自然是随着年龄越小而降低。

而美国小学的阅读时间通常是采用分组进行的方式，如如读的是低年级，处于还在培养阅读能力与习惯的阶段，因此汶特斯太太将班上学生依照阅读能力分组，她会带领一些孩子进行导读与讨论，有些孩子则是由助理老师（Program Assistant）陪伴阅读，有些孩子则是自行阅读。阅读时间还会进行科学或社会的课程教学以及其他的活动，因此即使时间长一点，孩子也能耐得住。

在这个小小学校里，美术课、体育课、音乐课都是由科任老师上课，每周一次的图书馆时间也是由图书馆馆员普拉太太负责。

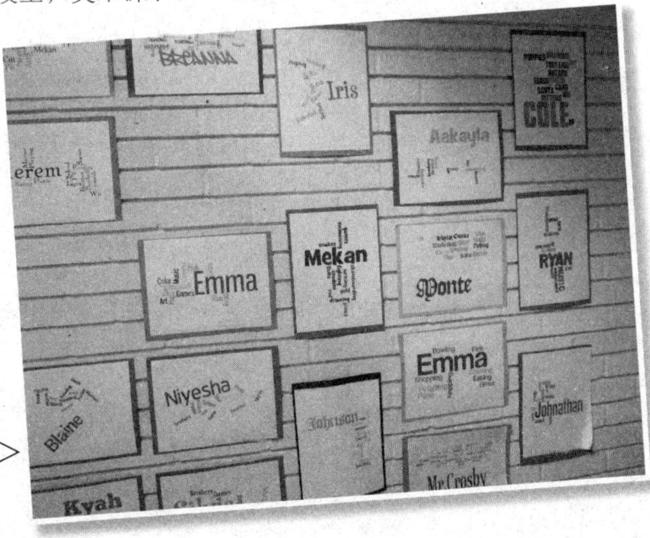

每个人以自己名字的创作作品。

我个人很欣赏林肯小学每个年级每周都会排四十五分钟的图书馆时间，首先普拉太太会念几本书给全班小朋友听，引导孩子欣赏书籍主题之后，带领学生回答相关的问题或绘画相关之主题。有时候也会让她们一人使用一台计算机听故事，并且教孩子各种图书馆的使用技巧以及如何运用图书馆系统找书与借书，充分发挥了图书馆教育的功能。每周每位学生还可以借两本书回家阅读。

在这里即使是一年级的小朋友，也可以从这一堂课中学会如何从计算机里寻找有兴趣的书，并且根据编号到书架上找到想要的书籍。能够善用图书馆的资源，家中就不需要添购太多书籍，并且不论家庭背景如何，每个孩子都能拥有均等的阅读机会。

从小即让孩子沉浸在阅读的环境，这是现在台湾地区推行阅读教育所极力鼓吹的。但是台湾的功课表里不会有一节专门的图书馆时间，小学大多依赖老师主动安排时间带领孩子到图书馆阅读，但次数很难达到每周一次，并且不是每位老师都会这么做。而中、小学的课程中也似乎没有一堂课教过学生如何使用图书馆，如何看懂图书馆的编号与索引，及如何使用图书馆的在线系统与资源。或许有老师会说他们在班上都有建立小小图书馆，孩子在班上可以自由取阅，不用特地到图书馆。的确，但是这里小学的每间教室也都有为数不少的图书供给孩子阅读，为什么美国小学每周都还要安排一堂图书馆时间呢？

我想，**除了教导孩子有关图书馆的相关知识之外，阅读环境的气氛也是一项很重要的因素，尤其是在培养阅读习惯的初期。**我想大多数人都有到图书馆的经验，一进图书馆，整个人就会被周围肃穆庄静的气氛所包围，扑鼻来的是阵阵的书香，眼睛所及的是一个个低头专注阅读的人。到了那里，让人自然而然地能静下心来阅读。

书局里的儿童阅读区也有同样的功效，虽然里头会夹杂着幼童咿咿呀呀对父母念故事时的回应声，但这又何妨？因为我们的孩子都走过这些阶段。即使我们的家中也摆有许多童书，亘亘和如如还是很喜欢到儿童阅读区看书，或许是那里的氛围使然，也或许是那里有更多新奇的童书，更或许是在那里有许多大大小小的孩子一起和你坐在地上或木板上，腿上摊开着一本书，津津有味地读着。这些都会促使孩子加入这个阵营，久久流连而忘返。

另一个重点则是，孩子建立阅读习惯的初期需要陪伴。在家里，父母每天抽出十分钟，为孩子念一本书也好，或者由他读给你听也好，通过陪伴，一点一点地累积他的阅读习惯。在学校，通过图书馆时间，一方面可以教导孩子了解如何在图书馆找书以及借书的模式，一方面则能达到陪伴阅读的功效。如果只是一味地规定孩子一星期该念几本书，或者只是提供奖励，但缺乏引导和陪伴，没有阅读习惯的孩子还是很难爱上阅读。如果家里的环境不允许，学校的图书馆时间多少能弥补这些遗憾。

虽然不能说阅读习惯与学业成就有直接的关系，但根据在学校的观察，一般而言，**有阅读习惯的孩子不见得成绩很好，但通常成绩好的孩子都喜欢阅读**。套句以前一位学生所说的话："我看到字多的书就头痛。"我想不难理解，**当一个孩子看到字多的书就看不下去，也没耐性坐着看书一个小时的话，面对越叠越高的教科书自然容易感到烦躁**。

我想我们都同意经由阅读，孩子可以从浩瀚的书海当中获得许多教科书上所没有的知识。除此之外，**从学习层面来看，学龄中的孩子可以经由阅读来增加他们的词汇以及学习汉字与语法**。**从休闲层面来看，阅读可以让孩子陶冶性情并纾解情绪**，透过书本去体验不同年代、背景以及不同国家的世界。如果撇开这些"正经"的理由不谈，我想，喜欢看书的最大好处就是：只要有书，孩子永远不会觉得无聊！

既然阅读有这么多好处，那我们是不是要卯起来鼓吹孩子们多多阅读呢？

自从著名的 PISA 测验（国际学生评量方案，Programme for International

Student Assessment，一种国际上用来评估各国十五岁学生能力的比较评量方案）将阅读素养（Reading Literacy）纳入其测验的四大部分之一，“阅读”的能力俨然已成为各国教育界关注的焦点。

女儿在台湾就读小学时，每天早自修都有阅读时间，每周一篇的阅读心得报告更是不可少。除此之外，学校也有许多鼓励阅读的措施，例如看完一百本书可以得到一张小硕士证书等。许多学校也开放夜间图书馆时间，鼓励小区民众多利用时间带孩子到学校图书馆。这些措施的确也是我们所乐见的，但说到鼓励措施就会联想到竞争，台湾地区的教育体系长久以来已经习惯以竞争的方式来学习，不管是老师、学生或家长。

记得有一次，当时念小学一年级的亘亘语带惊讶地跟我说：

“妈妈，你知道吗？我们班的某某某已经累积到一百篇心得报告了耶！”那时候如果以老师规定每周一篇的“正常进度”来算大约是二十篇吧！

“不是一周一篇吗？”我疑惑地问。

“老师说，想多写的人可以再拿纸多写啊！某某某说她妈妈就叫她多拿一些回家写，她就一直写一直写……”亘亘用一种“她真可怜”的语气说。

这位妈妈是在“赶业绩”吗？这是我脑中的第一个想法。粗略算了一下，一百篇二十个星期，平均一星期不就要写五篇吗？我心中除了佩服这个孩子的写作与阅读能力之外，也非常佩服这位妈妈的努力与毅力。

但阅读能力能以写了几篇阅读心得来评断吗？**我们都同意多写、多练习就会多进步，但，退一步想想，培养阅读能力，最基本的层面是要孩子本身喜欢上阅读，不是吗？**当阅读变成一篇篇的报告时，阅读还是一种乐趣吗？

“某某某说她的目标是要写到五百篇，拿到小博士奖状！”亘亘接着说。

“那除了拿到小博士奖状还有没有什么奖励？”我好奇地问，是什么奖励驱使这对母女如此奋力向前？

亘亘歪头想了一下：“嗯！我记得好像是可以和校长合照吧！”

我不禁扑哧一声笑出来，故意低头问亘亘：“那你想不想也和校长合照？我们也可以来‘拼’一下，如何？”

“我才不要！”亘亘大叫并马上逃得远远的。

我忍不住哈哈大笑，我当然知道她班上的那位同学不是为了要与校长合

二年级每日作息表。

照而努力，但是也很感叹原本学校鼓励阅读的措施，在部分家长的眼中还是存在着竞争的心态，要孩子拿高分，赶在同学前面拿到最高荣誉，这样的做法如果孩子也是乐在其中就没话说，但如果不是呢？

阅读心得报告虽然能训练孩子抓住阅读的重点并练习叙述出自己的感想，对写作帮助很大。但我想，对于低年级的孩子而言，一周一篇的练习已经足够。最重要的是，我不想这么小就扼杀了她对阅读的乐趣。

小三数学分级制

开学没多久，女儿拿回一张通知单给我，我看完内容吓了一跳，因为这是老师通知家长，小三学生将依程度分配在三个不同的班级上数学课。不会吧，小三就开始能力分组了？这是我第一个念头。

美国中学（指的是初中与高中）学生皆是每节课自行到各科教室上课（没有所谓的一个班），因此每节课都在换教室，但这不是依程度来分，而是与学生选修的科目有关。而许多小学高年级的学生也会在数学以及英文课时依照程度分班来上课，这种观念与台湾地区初中生数理或英文依能力分组的做法相似。只不过这种方式在台湾一向颇令人争议，有一派的人觉得孩子在这些“主科”被分到B班就等于被否定了一样，与考上前几志愿无缘。另一派的说法则是，依孩子的能力来授课，才能真正帮助孩子吸收与学习。

我想美国应是采用后者的看法，才会在小学就开始能力分组授课。后来通知单上说亘亘是分配到汉柔小姐的班上，而这个班是程度最好的班，也难怪汉柔小姐之前一直问我亘亘以前在台湾时数学表现得如何。如果亘亘的程度是很好的，她不希望这一年来因为语言关系令她的数学程度下降了。

拿到通知单后的隔周，跑班就开始了！

亘亘也感到很新鲜，因为她在台湾念小学时，根本没有经历过上学时其中一堂课会与别班的同学混杂上课的经验。

亘亘班上同样留在汉柔小姐班上的还有约翰，是她们班上另一个亚洲人，一岁多时从大陆移民过来的，因此他虽然会说一点中文，但现在英语才是他的母语了。亚洲人的数学能力果然不赖呢！

接下来的一年，我很好奇林肯小学对于这样的数学分级是如何实施的，因此持续关切着它的发展。

“妈妈，我跟你说哦！今天老师发给大家一大堆的计算题，我是全班第一个算完的。”亘亘放学时眼睛发亮很兴奋地拉着我，接着说，“而且全部都对哦！”

我很开心地抱了抱她，并且在她头上亲了一下说：“你好棒！”因为我知道刚到一个语言不通的地方，英语带给她很大的挫折感，这时数学的领先可以让她稍稍抚平心中的沮丧，因为至少可以证明她不是个笨蛋，小小年纪的她非常在意这一点。

从小伶牙俐齿的她，对于功课的自我要求高，求知欲也高，但同时也是个好胜的孩子。来到这个英语系国家，瞬间变成了聋子与哑巴一样，对于周围的事物她都只能用观察以及猜测的，当母亲的我很能够体会她的无助与沮丧。对于目前还无法用语言表达出自己想法的亘亘来说，这时数学的优势对她而言无疑是一大肯定！

因为一个人如果说话不流畅，

很容易让人误以为他智商不高！这一点在孩子的世界中更为明显！

在学期过完两个学季（quarter）（这里一学年共分四个 quarters）时，汉柔小姐又突然发了一张通知单说，数学课时她的班级会和达勒斯太太的班级交换，但等级不变，仍是最高级的，只有老师交换而已。

经我询问汉柔小姐原因之后才知道，原来是由整个三年级老师小组所作的决定，她感到很无奈。由于我自己也是在教育界的，所以一听心中马上明白，应该是有家长反映她的教学方法，所以汉柔小姐被换掉了！

由于汉柔小姐很年轻，这是她教书生涯的第二年而已，根据我的观察，她的教学经验的确较不足，带班方式也很有待商榷，因此这个结果可以想见。所以亘亘那一等级的数学班隔周即移到达勒斯太太的班上上课。

换老师上课的第一天，放学时我好奇地问亘亘上课的感觉如何？毕竟如果是由小组决定换给这个老师教，应该有她的过人之处吧！

亘亘这次反而慢条斯理地说："今天一上课，老师就出了一道数学题问大家。"

"然后呢？"没耐心的我催促她赶紧讲下去。

"然后达勒斯太太问大家，认为她的计算方法是对的人举手，结果几乎所有的人都举手了！"亘亘依然用一派轻松的口吻说着。

亘亘教室里的班级图书馆。

“然后呢？你举了吗？”我依然是那个没耐心想赶快知道结果的妈。

“结果只有我和艾玛没有举手。”亘亘停顿了一下接着说，“达勒斯太太就点我上台计算给大家看，结果……”亘亘故意拉长了声音，接着大声说，“我写完之后，达勒斯太太就问全班觉得这么算才是对的举手，这次全班都举手了！”

阿嘉马上开心地摸摸她的头，并对女儿说：“你真是太棒了！这样达勒斯太太就知道你虽然还不会英文，但是数学程度是很好的。”因为这是数学课换老师之后，亘亘最担心的事。

每个孩子都希望受到肯定，尤其是小学阶段的孩子，老师的肯定对于小小年纪的孩子们而言，效果是远比父母还大的。我和阿嘉相视而笑，这位达勒斯太太果然有办法。通常新接手一个班，要立即知道班上学生的程度，这是最简单又快速的方法，并且她也细心地点名亘亘上台作答，因为她想知道她的数学底子到底如何，教学时才不会因为她的英文程度而误判。看来换了这位新老师来上数学课，对亘亘而言是个福气！

与汉柔小姐不同的是，汉柔小姐通常一周只会发回一张 A4 大小双面的数学练习题回家当功课，隔天缴交。而达勒斯太太则是星期一发一叠四到五张 A4 大小双面的练习题回家，星期五缴交。有趣的是，达勒斯太太还强调不需要隔天就交给她，因为她不希望孩子整个晚上都在做功课，这一点倒是与台湾的思维模式大异其趣。

亘亘的功课量自此增加不少，虽然我不太清楚这样的分量对于美国孩子而言多不多，但我知道约翰的母亲每周都在功课发下来的当天就要求他做完整叠练习题了（亚洲妈妈果然都是强而有力啊！）。而我则是每周都与亘亘花不少时间一同研究数学功课，因为虽然计算题她没问题，但遇到一大串英文字的应用题型，她就卡住了。尤其美国小学数学题型的设计与思考脉络与

ABC's for Parents

Join a library with your child.
与孩子一起去图书馆。

台湾略有不同，有时虽然看得懂题目，但却不清楚它到底要我们回答什么，我也从女儿的作业当中学习到了不少。

不过由于达勒斯太太很细心，在这些练习题中都会附上这一章节所要学习的内容与概念，因此家长要协助孩子完成作业也较容易，因为美国小学生是不带课本回家的。试问：没有课本，当家长的要怎么帮孩子复习呢？

达勒斯太太教学也很有计划性，她会事先将未来一个月中在课堂上会使用的练习卷让亘亘带回来请我们翻译成中文，希望这么做能够帮助亘亘了解，并细心地在每一章练习卷上标示预计使用的日期。正当我放心有这么一个经验丰富又细心的老师教亘亘数学时，想不到学期末，这两个组别又交换回来了，同样没有说明任何原因。到了下学期一开学，数学能力分组的方式又改变了！

这一次的改变是，不分组上课了！

根据亘亘的描述是："我们班的同学全部在原来的班级上课，只有两三个来自别班的同学一起上课。"这又是怎么一回事？我百思不得其解，恰好有一个机会遇到汉柔老师，我提出了我的疑问。

"因为梅布尔太太的班上有几个学习落后的孩子，即使分到程度最低的那组还是跟不上，所以梅布尔太太决定不参加数学分组，要好好教那几个孩子，因此我们其他两班也跟着取消分组了。"

这是一个很奇怪的演变模式，数学组别反复换来换去，难道学校进行数学分组没有一个原则吗？学校或老师从来没有主动向家长说明过原因，别的

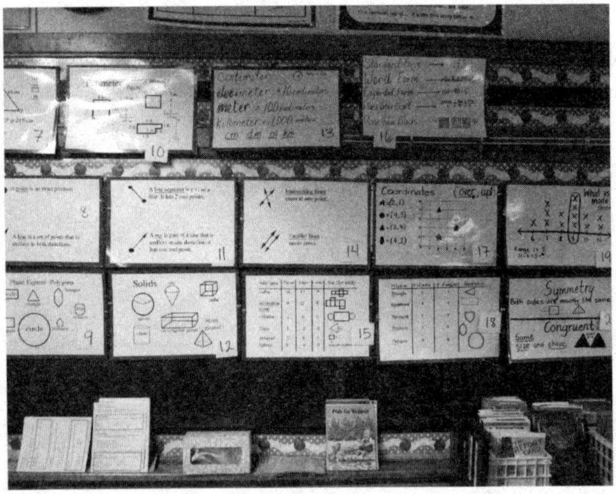

亘亘教室里的布置。

家长难道都没有过疑问或抱怨吗？ 我实在觉得很疑惑，但为避免成为老师口中“难搞的家长”，我很识时务地闭嘴没有再追问下去。

只知道目前汉柔小姐将班上学生依程度分成三组，首先在程度好的这一组讲解一下要做什么练习之后，就去教另外两组了。我们都很清楚这样的教学模式对于程度好的那一组是较吃亏的，因为老师的精力绝大部分会花在另两组身上。

站在教育的立场，我很赞成“不要有一个孩子落后”的教育观，但是我也反对为了拯救学习落后的孩子而促使程度好、学习能力强的孩子往下朝平均水平看齐的做法。

我必须澄清并不是因为我的孩子是属于数学最高段的那一组，我才这么说，因为未来的路还长得很，现在数学好并不代表往后数学都会是她的强项。更何况，她的英文程度在这里如果依照程度分级，大概是属于幼儿园阶段的，她在班上就是属于落后的那一群。但是我反而期望针对外国孩子的英文分组学习，在这里并没有被实施，亘亘必须要和美国小学三年级的孩子一同学习英文，换句话说，她必须与程度和她相差甚多的群体一同学习相同的课程并努力追赶，其挫折可想而知。如果可以选择，我宁愿她与程度相当的孩子一同上英文课。这样她就可以逐步地将基础奠定好，并依照学习步骤慢慢累积到该有的程度，如此的追赶对孩子而言才不至于太遥不可及。

如此，也才有可能真正地把落后的孩子往上拉。**很多孩子的学习落后不在于聪明才智不如人，而是在于他心中已放弃努力追赶。**

一个国家或地区不能只有程度相当的子民，一定还要有精英的存在。我们不需要将所有的孩子都当天才教，都往精英的路上推，但不能因为希望没有落后的孩子，而将精英的孩子往下拉，变成齐头式的教学。在呼吁“没有一个孩子落后”的口号时，别忘了，在一个常态的班上，精英与学习落后的孩子都是占少数的，介于两者之间有一大部分的孩子都是属于中等程度的。我们应该思考的是如何让落后的孩子跟上学习步骤，并将中等程度的孩子再往上提升，这才是真正的因材施教。教育不能只看学习落后的孩子，更要顾及大部分资质中等的孩子。

一个完整的教育体制，必须要能够同时兼顾资质优异、中等及学习落后三种程度的孩子，给予适当的教育，才能做到适才的发展。当然，这是理想，如此完美的教育体制，当今应该还没有一个国家敢夸口说它做到了吧！

其实有时候该改变观念的是家长，现今台湾地区初中阶段所进行的能力分组，事实上已与我们成长背景里的A、B段班做法大不相同了。乡下的学校我不敢说，但都市的学校大部分皆是朝着“依孩子的能力来授课，才能真正帮助孩子吸收与学习”的理想在前进，当然，不可讳言的，这么做对学校的升学率也有帮助。但站在学生的立场，对于程度较差的学生而言，能依照自己的能力与步骤来学习，也较能避免因为一直追赶不上而造成学生自我放弃。

据我所知，有些学校还会用心地安排同一个老师任教同一组的A、B两班，如此可以摆脱以往年代那种“A班就安排名师，B班就安排较差的老师”的迷思。例如：以理化科而言，同一个理化老师只是采用不同的教学方法：教程度较好的A班时，基础观念会讲较快，会多做一些较难的题目以及延伸题；教B班时，基本观念会讲得较慢，基础的练习也会较多。学生能依据自己的能力与速度来学习，差别只是在于知识的深浅而已，但都能学到基本的知识。

对于林肯小学数学分级反反复复的方式我们虽然不甚苟同，但也只能接受。见亘亘的数学功课越来越少，带回来的课堂练习卷也越来越少，我们也只能感叹，还好我们只待一年。

台湾数学课本之妙用

当孩子被一大堆英文字的数学题搞得七荤八素时，此时就是我们从台湾所带来的数学课本发挥功效的时候了！我很清楚我的女儿们不是天才，因此要孩子用她们不懂的语言来学习一个还没学过的数学概念，我觉得真是难为她们了！所以如果学到还没教过的数学概念，我们就会从台湾的数学课本里找出相关的章节让她们先练习。看完课本中文的说明以及练习完基本题型后，具备了基本概念再去做英文的数学题自然就通了！

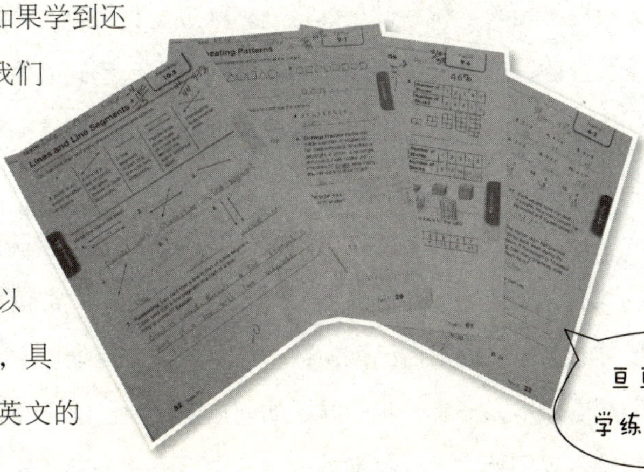

豆豆的数学练习卷。

这样的方式除了可以让女儿跳出“一定要等老师教才会”的习惯，同时也可以训练她们自学的能力。加上我发现这里小学数学概念的进程虽与台湾类似（例如都在小学二年级教立方体的认识），但部分概念的顺序会有所不同。例如：小数点的概念，台湾是在小学三年级教授小数点一位数的概念（例如：三点九），四年级才教到两位数以上的概念（例如：三点九九）。而美国因为关系到日常生活价钱的标示方法多为小数点两位数，因此女儿在美国三年级上学期时就教到此概念了。原本女儿会有心理的自我设限，认为我才念三年级而已，怎么会小四的东西？但我们也趁机给女儿一个观念，就是，没有人说四年级才学的东西三年级的学生就不能学或学不会。这些章节只是排列的顺序而已，除非是需要层层堆栈而建立的数学概念，例如没有学加法和减法就很难进阶到乘法与除法，除此之外，这些基础的独立性数学概念是没有年级界线的。

台湾的学生习惯依赖参考书而不重课本，这或许是受老师的教学方法而影响，但我和阿嘉都一致认为课本最重要，因为基本题型与概念都在课本上，基本概念通了才能去做进阶的练习题。加上台湾的数学学习方式多是靠大量的解题练习来累积速度与熟悉度，优点是我们的计算能力真的是美国人所望尘莫及的，这已无须多作证明。但缺点则是我们已被训练成看到考卷就直接作计算，常常会跳过题目说明或原理叙述，这也是在学生的考卷上常常会看到的错误。

在自学数学课本的这段期间，她们都自己念，只有遇到不会的地方才来问我们。刚开始女儿们很不习惯，尤其是如如，常赖着央求我们直接教她，要才念二年级的她自己读懂数学课本似乎有点难。所以刚开始我们会带着她一起看课本，一步一步引导她如何自己读自己学，并且一边教她。渐渐地，她赖着我们教的次数越来越少，独立完成一个章节的次数则越来越多。在自学的过程中遇到不懂的概念，阿嘉就会运用一些随手抓来的教具（意大利面条或硬币等）来说明给她们听，等她们观念清晰了，再继续往下做，每次都有不错的成效。

这样的方式一直持续到了下学期，她们的英文能力提升了，渐渐地就较少依赖台湾的数学课本了。至今我仍很庆幸当初先生的坚持及我没有因为行李的重量而将这些课本舍弃。它，真的帮了我们很大的忙！

第一次搭校车

从开学以来孩子们就吵着要搭校车上学，除了这里的校车又大又宽敞之外，在我们这个小区的小孩几乎都是搭校车上下学。加上她们班上有七成以上的孩子都是搭校车，所以令她们向往不已。

美国的土地辽阔，乡村之间的学童接送多依赖校车，校车的服务对象很广，从幼儿园到高中皆包含。有些地广人稀的学区，如伊利诺伊州中拥有面积最广幅学区的贾斯珀县，根据当地议员指出，学区内有些学生每天搭校车单程就要花费一个小时！

但是家境困难的学生怎么办？他能负担车资吗？别担心，因为这里的校车全部是免费搭乘的。我必须说，政府有提供这样的资源给学生与家长真的是一项德政。

一开始我们还不放心让她们自行搭校车上学，直到开学第三个星期觉得一切都上轨道了，才答应她们的请求！

美国不同地区的学校上课时间略有所不同，有的学

ABC's for Parents

Keep your child on a schedule that includes exercise and sleep.
保持孩子正常的作息，包含运动与睡眠。

校八点多才上课，下午三点多放学。而林肯小学因为有提供早餐（不是每一所学校都有提供），所以上学时间较早（七点三十分到校）时间上几乎与台湾小学雷同，但下午两点四十分就放学了。

对父母而言，既然学校有供应早餐，当然就到学校吃啰！除了让她们彻底地体验一下美国的饮食文化之外，也让我这个“煮妇”省省事，免除了像在台湾时，每天早上上演着一直催赶她们刷牙洗脸吃早餐的戏码。

搭校车在冬天也有好处，尤其是在零下十几度的雪季里。每天早上出门时，坐进车内就好像坐入冰库里一样，虽把暖气开到了最强，但因为学校离家不到十分钟路程，因此等到暖气开始发挥作用时，学校也已经到了。

搭乘校车至少孩子一上车就是温暖的，减少了受冻的时间。

第一次搭校车上学那天，放学时她们都很兴奋，唧唧喳喳地抢着述说今天搭校车的经历。

“这里的校车比台湾的娃娃车大多了，好舒服！”亘亘抢先说。

因为在台湾就读的安亲班都是用幼儿园的娃娃车接送，椅子的大小差很多，对于高年级的孩子而言根本是挤在一个迷你椅子上！台湾地区双薪家庭多，许多孩子都是依赖安亲班或才艺班接送，但却因为经费支出的问题，许多地方的接送车皆不符合规定，这个问题虽一再被提出，但却不见其改善，政府应该重视这个问题。而美国的校车是由州政府统一补助，且因为同时载送中学生，因此与公交车大小差不多，座位宽敞又舒适。

一连坐了几天，她们看起来都很愉快，我们就放心了。

其实会这么不放心还有一个原因，就是怕不会说英文的姐妹俩在校车上

小区里清晨在雪中排队等校车的学生（最后两个是亘亘和如如）。

会被欺负。虽说美国政府提供免费的校车服务是项德政，学校也为了保护孩童订定了一些规矩，例如有孩童在校车上时，除了司机之外的成人是不能上车的，违者可报警处理等等。但从前即常耳闻美国一些霸凌事件会在校车上发生，也看过美国新闻报道中那些受害学生认为每天搭校车是他的噩梦，更听过同住在马科姆的朋友说他的孩子曾在校车上被欺负的真实遭遇，皆令我们有所提防，非常不希望这样的事情发生在我们女儿身上。天下父母心，又有谁愿意呢？

除此之外，因为马科姆是个小乡镇，因此上学时校车会同时接送幼儿园生、小学生及初中生，这些年纪、身高及力气上悬殊的学童共同搭乘一台校车，唯一的大人就是校车司机，如果当中有什么样的擦枪走火事件，校车司机多半无暇阻止，因此我们的担心其来有因。

自从女儿们开始搭校车上学之后，我和阿嘉每天早晨可以从容地送她们

芝加哥千禧公园(Millennium Park)

出门，愉快地在门口与她们挥挥手，看着她们上车之后，就开始悠闲地做个早餐。客厅里播放着 CNN 新闻，空气中弥漫着烤土司的香味，到大学研究室以前，我与阿嘉两人可以悠闲地坐下来一边吃早餐一边聊聊天，并看着窗外的草皮，啜饮着暖暖的咖啡，开始美好的一天。这也让我在异乡中渐渐体会到了慢活的滋味。

学校的吃喝大事——Snack的准备

记得在班亲会时，汉柔小姐曾经问在场的家长，是否还愿意保持提供班上小点心（snack）的制度。我当时虽搞不懂这是个什么样的制度，但还是跟着所有的家长一起举手赞成了（当所有的人都举手时，你能不举吗？）。

没过几天就收到了亘亘和如如的老师们所发回来的“snack轮值表”。原来是每个小朋友要负责一周带点心来给全班吃，基本上一个学生一学期只会轮到一次，多出来的周别则看各班老师如何安排。原则上，老师也会将学生负责带点心的日子安排在孩子生日的月份，其美意也是让孩子借此机会请同学吃点心，“顺便”庆祝她的生日，一举两得。

第一次准备女儿班级的小点心时，因为没有经验怕有所失误，因此平时我也频频询问女儿今天同学带了什么小点心给大家吃，作个参考。因为老师在snack的单子上只注明不要含有花生制品（怕引起过敏）之外，就没别的了。对于我们这台湾来的小家庭来说，要带什么样的小点心根本完全没有办法！

但听亘亘和如如转述，大部分的家长都准备得很简单，有的买现成的一块块分别包装的饼干，也有人爆了一大包爆米花分装成小袋，更有家长直接装早餐谷片给学生当点心吃，看来我是太“严阵以待”了！不过，反正一学期才轮到一次，借机会和女儿做做点心也很不错，况且美国厨房多备有一个大烤箱，不好好利用岂不可惜？

来到美国之后，面对厨房中大烤箱的诱惑及美国糕点甜得吓人、色素用得惊人令人难以下咽的缘故，我的烹饪热情再度燃起，每天不断变出美味的

自己动手做饼干。

佳肴以及甜点，中式、美式、欧式料理轮番上阵，让孩子们一下课就迫不及待地问："今天晚上吃什么？"这也是令我最有成就感的时刻了！

这一天我们要做的是动物饼干，由于一次要做二十几人份，因此我做了一个大面团，意思就是必须擀面团很多次！我们母女三人轮番上阵，但因女儿的力气较小，所以几乎都是我这个老妈在施力，以至于做了一个多小时的饼干之后，到了晚上，我整个肩膀与手臂酸痛得要命！ 虽偿了年轻时的愿望——未来要和小孩一起做饼干，但是却换来了一身酸痛，让我体认到岁月不饶人啊！

由于带点心的当周，刚好遇上小学的每年一次的家庭日（Family fun

超市里色彩鲜艳的饼干。

外裹焦糖外加各式糖果的苹果甜点。

night）活动，我自愿捐两打杯子蛋糕给学校。加上要给班上的点心分量，当天我总共烤了五十二个杯子蛋糕，共享了三包蛋糕粉，足足烤了两个多小时！当天下午家里一直弥漫着蛋糕的甜味与香味。是啊！是幸福的滋味，但，也是老妈辛劳的滋味啊！

恐惧的阅读时间

美国各阶段教育都很强调阅读，尤其在小学阶段，学校常会发一些有关阅读的好处，以及家长如何在家协助孩子养成阅读习惯的传单。

刚开学时我就拿到了亘亘三年级班上的阅读时间分组表。表中说明班上的阅读时间会分组来进行不同的活动，其中包含使用计算机学习网站、独立阅读、听有声书、诗集欣赏、拼字练习（spelling）、短文写作等，不过由于亘亘的英语程度还不足以参与讨论，因此一开始她并不在此名单上。

万圣节蝙蝠饼干模型。

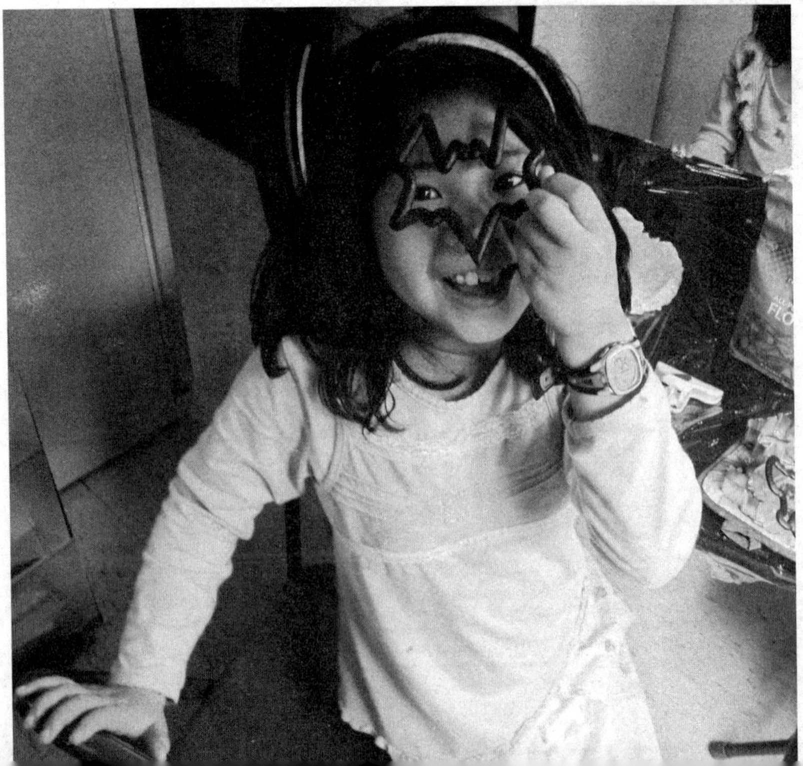

事实上，美国的阅读时间（reading）就相当于台湾地区的“语文课”，因为老师会在这段时间里教授阅读（reading）、拼字（spelling）、写作（writing）以及英文文法的运用。

当初来美时，我因为顾忌行李的重量只塞了几本中文的童书来，亘亘在台湾时就很热爱阅读，想不到她没几天就都看完了，还央求我可不可以请台湾的亲人寄书来。我想可能也是因为人在异乡所接触到的都是陌生的语言，因此在女儿的心中对于熟悉的中文显得更加渴望。

想不到如此热爱阅读的她，刚到美国的时候，阅读时间却成了她每天最痛苦与恐惧的时段。记得刚开学没多久，亘亘即央求我和爸爸让她带中文书去学校看。我们的直觉反应是，来美国不就是要学英文的吗？应该试着阅读英文书吧！因为我们怕她又会像在台湾一样一头栽进书中世界而不理会周遭的人事物，却忽略了阅读英文书对于目前只会 ABC 字母的她有多难！

所以刚开始我们不希望她带中文书去学校，并鼓励她试着看看英文书，即使是翻翻图片也好。但她还是偷偷地在书包中放入中文书被我逮到几次。因此有一次我语重心长地对她解释为何不希望她带中文书到学校的用意，只见她瞪大了眼看着我，充满了惶恐与不解。

“你可以去翻教室里的书啊！因为班亲会时我看到教室里有很多书。”

她怯怯地说：“可是图片都很少啊！”

因为三年级的书籍已脱离“绘本式”，而进入文字较多的类

亘亘教室内的阅读区。

型了。但那天我还是坚持她在阅读时间应该试着去找找看有没有感兴趣的书，而不是带中文书去看。结果隔天早上我在她书包中看到了她还是偷塞了一本中文书。我大为光火，心想昨晚明明与她谈过了，她还带，这不就表示白谈了吗？ 因此早上在上学之前我忍不住就责怪了她。

亘亘的泪水马上滴下，其实也滴进了我的心坎里，她含着泪水去上学，而我也难过了整个早上。

这是她来美国第一次哭，从开学到现在，她和妹妹如如一直都很乐观坚强地去面对陌生的这一切，并且带着好奇又紧张兴奋的心情去体验新学校。我和阿嘉这期间怕她们受挫或受欺负，也不断地观察她们的情绪反应并绞尽脑汁鼓励她们。但今天，她的挫折与委屈竟然是我带给她的！

这样的想法令我整个早上不断地反省自己是否对她太严苛了？亘亘含泪的脸不断地在我脑中播放，让我自责不已。

于是我对先生说：“今天换你和她谈谈吧！ 换个人谈会比较好。就由你对她说，如果这可以减低你的不安，就带本中文书去学校吧！”她们老爸不假思索地直接回答我：“干吗谈啊？就直接偷偷塞一本书到她书包吧！”果然是开明的老爸，丝毫不啰嗦。

当晚我们不动声色，等亘亘睡着之后，我们就偷偷塞了一本中文书到她的书包里。隔天放学我们去学校接她们时，老爸和我都很期待看她有何反应。

果然，她一坐上车就马上急着澄清地说：“奇怪！我今天并没有放中文书啊！为什么书包里有一本？ ”

阿嘉故意问她：“你是不是怕被我们骂啊？”

她怯怯地点点头。

我和老爸马上以恶作剧的口吻大笑说：“是我们放的啦！”

亘亘原本紧张的小脸蛋马上如释重负地说：“拜托！为什么不早说！”我猜想她可能担心了一整天吧？

老爸接着问她："重点是，你有没有看？"

亘亘不好意思又略带开心地小声说："有啊！"

我们更是大笑！

如如班上阅读时间，汶特斯太太带领一个小组进行讨论。

这件事以阿嘉的幽默方式顺利解决了，我们也没有再找她谈过。这件事也让我上了一课，**有时采用幽默的方式可以化解孩子的委屈或负面想法，比直接说教的效果来得好，更可以避免一些亲子之间在管教时所产生的尴尬与紧绷。**

反思我们大人到了一个新环境面对陌生的人事物，也会想带一些东西掩饰一下自己的不安？例如参加一场会议，也会带个笔记本电脑或书籍掩饰一下，而不是一个人手足无措地在会场乱晃，眼睛也不知道该放哪里好。

后来当晚亘亘主动放了两本中文书与两本英文书在书包里，并且向我们报告了。我想她了解我们的用意，并以行动表示她也愿意尝试看英文书，两者并进想必能带给她多一些的安全感，尤其当她在这里当"文盲"的期间，中文书可以帮助她重拾自信心。

你可能会说，三年级的书较难，可以借一些简单的英文书让她看啊！

我们的确有带她去图书馆借一些较简单的书（大多是幼儿园在看的，因为她们的程度大概就是这样），我也建议过她可以带去阅读时间看，结果，她犹豫了一下才说："带去学校看很丢脸！"

我才惊觉，是啊！如果在台湾，小三的学生还带幼儿园的书籍到校阅读的确会被笑，虽然在这里语言不通，但情形仍然是相同的。女儿也不希

ABC's for Parents

Limit TV viewing and select programs with your child.
限制孩子看电视的时间并且和孩子一起选择适当的节目。

望在这里被看轻啊！我差点忽略了孩子在同侪之间的面子问题，因此也不再提了！

这样的情形，其实只有刚开学前几个月，随着孩子对环境的适应以及英文程度的进步，亘亘的书包除了一直同时带着中文书与英文书之外，她对英文书的接受度越来越大，从图画式的绘本到后来已经能阅读一些短篇文章。这让我们也充分地了解到，**给孩子多一些喘息的空间，孩子自己会找到出路！**

我们一开始怕她会走向逃避的选择（选择躲进书中世界），但，不让她试试你怎么会知道呢？毕竟到了一个新环境，让孩子先有安全感是很重要的。**我们竟然忘了这么重要的道理！有了安全感，接着有隶属感，然后才有可能谈到学习。**

虽然我自己是学教育的，但是毕竟说别人较容易，谈到自己的孩子还是难免会多一些焦虑与不安。**伴随着对孩子的期许，有时更难免会性急，却忘了留给孩子一些适应与摸索的空间。**想想，大人到陌生环境有时都会逃避去接触其他人了，小孩子同样也会。

这个道理很容易，但常常人处在当时不急也难，因此经过这件事之后，我常常会提醒自己，**不要急，让孩子找到自己的方式。**

寓教于乐的户外教学

女儿来到美国最期待的就是户外教学了，你相信吗？在这一年里，她们两人的户外教学次数加起来总共有九次之多！

来美国之前，亘亘就一直问我：美国小学会有户外教学（field trip）吗？

因为她一直非常期待户外教学，但在台湾时，她的小学并没有办理低年级的户外教学，让她非常失望。

事实上，户外教学表面上像是全班一起出去玩似的，但其也富含重要的教育意义。姑且不论孩子们到参观地点时听解说员的讲解吸收了多少，当他们人到了参观现场，眼睛所及，双手所触，嗅觉所闻，这些皆是一种真实的体验，都是一种学习。而另一方面，这也是孩子们学习社交的好机会。脱离了教室的情境，和同学们在一起，不论做什么都感到特别有趣。

不过亘亘这个遗憾来到了美国就可以弥补不少了。通常三年级户外教学的地方会比二年级远一些，例如：上学期如如班上是从小学一起散步到马科姆市

农民市场各种鲜嫩欲滴的蔬果。

如如全班在农民市场前合照。

冬天的下课时间，包最多的就是我们家的如如，她脸上的口罩成为当天询问度最高的焦点。

中心的农民市场以及银行等地参观。而亘亘则是坐校车到约一小时车程的博物馆参观。

下学期的户外教学就更丰富了，除了学校轮流安排各年级的学生到 WIU 观赏大学生的戏剧表演之外，如如的班还有到 WIU 参观化石展览，并且在学期末散步到市中心参观博物馆，及安排到离马科姆约一个半钟头的小城市皮奥里亚的野生动物园参观。亘亘的班级则是安排散步到市中心的艺术中心看展览以及到皮奥里亚看棒球赛。

这里小学阶段的户外教学都会征求家长协助陪同前往，一方面帮忙老师照顾众多的小朋友，一方面也鼓励家长和孩子一起体验户外教学。

在台湾时我倾向让孩子自己参加，让她学习独立并且与同侪相处。原因

亘亘户外教学去看棒球赛。

很简单，当家长的都知道，如果你与孩子的班级一同出游，低年级的孩子通常会黏在妈妈身边，这样会降低了她自行探索以及与同学相处的机会。

但在美国，尤其是上学期时，由于女儿们英语还没上轨道，户外教学时她们虽兴奋，但多少心里没什么安全感，因此我多半选择陪同，当最配合以及乐于服务的那个家长。

其中让我印象最深刻的是如如的第一次户外教学。这一天的户外教学主要是认识市区，行程中安排到农民市场（夏天时，农民们会在农民市场贩卖农产品或自制品）、法院、裁缝店以及银行参观，主要是让孩子认识生活中周遭的环境与行业。

第一站是农民市场，从小学走路过去大约需要三十分钟（当然是以一堆小朋友的脚程来计算的）。

十月的天气已令人感到秋风萧瑟的意境，早晚的温度只有摄氏四至五度，所以当天大家都全副武装出发。（不过看来看去好像就我这个来自亚热带的妈穿戴得最多。）

一路上风景很美，由于居住的马科姆四季分明，秋天的树木都已开始更换多彩的衣裳，黄的、橘的、红的，各种层次的树叶颜色同时映入眼中，非常美丽。

我借由这次户外教学的机会，和如如以及她的同学们沿着人行道慢慢地散步，一边呼吸着清爽的空气，一边欣赏着沿途不同颜色的树叶美景，令我不禁长长地叹了一口幸福的叹息。当微风吹起时，从树上飘下片片的落叶，此情此景真是颇有诗意！（此时旁边一个小女生马上煞风景地说：“每天扫都扫不完的落叶啊……”）

由于之前老师有吩咐让每个孩子带美金三元，可以让她们在市场买万圣节要装饰的南瓜。所以老师将学生分组，由一个家长带二至三位的学生一起逛市场，让家长协助学生购买，完全随意！

农民市场的摊贩们看到这群可爱的小学生都显得特别友善，有些人还会自动打折，让这些小朋友高兴一下。其中有一位平时我觉得较市侩的水果摊老板，竟然大方地请客给在场的所有小朋友以及家长每人一个苹果！看小朋友人手一个苹果开心地啃着时，我心想：看来是我们错看他了呢！

到了集合时间时，我发现学生们都买得挺高兴的，因为可以随自己的意思买东西，我想对她们这个年龄而言是个很新鲜的体验，因为平时应该还是由父母做主居多。

出乎我意料之外的，没出现我预计的画面——每人抱着一个大南瓜。反而大部分的学生买的是装饰用的小南瓜，且有超过一半的学生没有买东西。

我想了一下，低头问如如：“你有没有想买什么？”

如如嘟囔着说：“因为我想买的，你都说不行啊！”

因为她想买的东西，在精打细算的家庭主妇眼中是不实惠的东西啊！但这是她的学习之旅呢！所以我决定放下精打细算，给了她几块钱，对她说：“就去买你喜欢的东西吧！”（说得好像很阿莎力，其实只有三块钱！）

如如好高兴，马上跑去某一家摊贩抓了小南瓜就去付钱，买完之后如如很宝贝地将她买的小南瓜放进背包，也不愿意让我先帮她拿回家，因为这是她自己选的，她要自己决定！

这让我也学到一课，**你帮孩子作的决定，即使只是站在协助的角色，对孩子而言都不是她自己的决定。放手完全让她自己作决定对她而言是很重要的！**

接下来还参观了一家做图案刺绣的服饰店。孩子们对那台飞快刺绣的全自动机器很感兴趣，一堆小头全塞在那里看着。我家那个好奇宝宝几乎快把脸贴到车针上了，急得让站在门口的我很想不顾形象地以中文大叫：“离机器远一点！”只是看着一样陪同前往的美国父母们气定神闲地没人吭声，让我不禁怀疑起自己是否太过保护孩子了？

接下来全班进入了某家银行参观。令我惊讶的是，行员还安排学生进入放保险箱的保险柜中参观。

我挺惊讶银行会开放这样机密的地方给学生参观，因为这家银行的保险柜不是像台湾部分银行般只是锁个铁门而已，而是使用像电影中金库般的厚重铁门再加上层层门锁的，所以参观起来还挺刺激的。行员还操作数钞机给他们看，看到一叠美钞哗啦哗啦地快速数完，小朋友们又再次张大了嘴。

最后老师带大家到公园吃比萨，原本是可以请学校餐厅做午餐盒，但有一位慷慨的家长主动请大家吃比萨和矿泉水，而使我印象深刻的是看到许多小朋友对食物并不是很珍惜的态度。

当有小朋友开始去荡秋千时，其他孩子就急着将盘中的比萨丢到垃圾桶后往游乐场跑去，不管盘中的比萨还有两块，甚至只咬了一口就丢掉的也大

ABC's for Parents

Make the time you spend with your child special.
享受你与孩子相处的特别时光。

有人在。

因为我一向都是告诫小孩和学生不要浪费食物，台湾地区的教育都是如此强调的，不是吗？

但这里的教育似乎不是如此，因为孩子刚上学时，我曾对她们说，如果营养午餐的水果或饮料吃不完的就带回家，不要浪费。结果孩子回来说："那天中午她剩了一个苹果吃不完想带回家，老师说不行，就直接帮她丢到垃圾桶了！"

我和孩子都很惊讶老师这样的处理方式，我想或许学校是不让学生带食物离开餐厅的，但我不能理解的是老师竟然直接丢垃圾桶？当天连孩子回家也当新闻讲给我们听，直呼不可思议。我只能猜想老师们可能是怕孩子将未吃完的食物带走，有吃坏肚子的可能性，为避免这种情形发生，所以将剩余的食物一律丢弃。

女儿也向我提过，她常常看到同学很浪费的行为，例如午餐整盘没动就直接丢垃圾桶、不喜欢的点心连咬都不咬就丢，等等。

我问女儿说："老师都没说什么吗？"女儿耸耸肩说："Nothing，什么都没说！"

美国各州对于资源回收的规定虽不尽相同，但除了分类不够细之外，多半不强迫执行，因此有些地方的回收只有放置纸类回收的垃圾桶。大卖场的塑料袋给的也相当"大方"，常常买一次菜，就拿到了一大堆的塑料袋，这对于在台湾已习惯使用环保袋购物的我们来说，实在是走回头路。孩子们刚来时，也常常拿着饮料瓶或鲜奶罐站在垃圾桶前犹豫，因为这对于她们在台湾所接受的垃圾分类概念而言是背道而驰的。

珍惜资源的习惯与观念都要从小养成，此时教育就扮演着非常重要的角色。随着时代的进步与富裕，台湾的教育从教导孩子节俭转变为珍惜资源，这些观念同样都很重要。当孩子做出浪费资源的行为时，如果家长和老师都不制止与教导时，又如何期待将来会成为一个爱护环境珍惜资源的成年人呢？

因此在美国期间，每次看到类似的浪费情况时，我常在心中感叹：到底该说是美国的物资太丰富还是太浪费呢？

美国小学活泼的主题日

美国小学教学活泼化，学校每学期都会有一些主题活动，除了红丝带周，全校每天选一种主题的衣服穿之外，还有睡衣派对日以及学期年终倒数的ABC倒计时活动等，让孩子们上学多了一份期待！

十月时学校发回了一张上面印了一个大熊脚印的红色通知单，亘亘和如如一边递给我，一边忙着你一言我一语地叙述给我听：“我们老师好像说要穿什么衣服的……又好像要准备袜子……”亘亘用食指点着嘴唇一边回忆着，刚来学校不到两个月的她只听得懂几个简单的单字。

“对对对！老师还说如果家里没有也不用去买，有的人穿来就好了！”如如急着补充，由于她隔壁坐着大陆小女孩澄澄会很细心地翻译给她听，所以信息较完整一些。

我低头仔细看了一下通知单，原来这周是红丝带周（Red Ribbon Week），主题是反毒品。当周每天都有一个主题，例如：星期一要穿红色衣

如如班上的姜饼人活动。

服，星期二带毛茸茸的宠物或玩偶，星期三穿背后有字的衣服（代表远离毒品），星期四穿疯狂的袜子，星期五穿你支持的球队衣服来上学。

我觉得采用这样一个有趣的主题周来倡导反毒品的概念实在很有趣，特别是对于幼儿园到三年级的孩子。如果只是采用图文式的倡导或讲解，孩子们可能听不太进去，或者左耳听右耳出的，但是运用趣味的方式，至少每个孩子都注意到它了！

学校还举办了征文比赛（台湾的学校最熟悉的方式），低年级则是绘图比赛，获选的人可以和校长蓝斯女士吃比萨，如如的画作很幸运地入选，汶特斯太太比她还兴奋呢！

红丝带周期间，每天都会听到女儿们的“实况报道”。例如：星期一穿红衣日，全校几乎呈现一片红海，上至校长下至幼儿园的孩子，大家都是一身红衣。但星期二我们则很好奇，学校不会乱成一团吗？因为那天是要带毛茸茸的宠物或玩偶去上学，那学校里不就充斥着猫啊狗啊和老鼠之类的宠物？

结果当天放学时，亘亘很失望地对我说：“今天大家都是带娃娃来，没人带宠物来。”因为她很想念我们在台湾养的狗，所以原本很期待看到同学的宠物。

我想也是，不然这一天一定是鸡飞狗跳的，怎么上课啊！

整个星期女儿们都很兴奋地期待每一天的活动，因为这是她们在台湾小学所没有过的体验。

星期二晚上亘亘担心地说：“妈妈！我们没有背后有字的衣服耶！怎么办？”

阿嘉马上接着说：“简单！把衣服前后反着穿不就是了？”

“啊？”一向守规矩的亘亘听到老爸的建议有点错愕。

而对事情常表现得无所谓的如如，倒是挺赞同她老爸的建议，马上大声

呼应，并且拉着姐姐上楼找衣服去。

隔天早上，两个小女生果然穿着前后相反的衣服准备上学去了！我除了提醒她们要把脖子下面的衣服标签藏好之外，就送她们出门了。

当天放学亘亘马上兴奋地说：“今天好多同学都是把衣服反着穿呢！和我们一样！”女儿一副庆幸不是只有她一个人搞怪的语气逗得我们哈哈大笑。

到了最后一天的球队衣服日，听说汉柔老师还在脸上贴了她支持球队的吉祥物——小老虎贴纸呢！

红丝带反毒周之外，最令我感到好奇的是“穿睡衣上学日”。这是亘亘班上自己的活动，当她告诉我明天要穿睡衣上学时，我还不太相信，因为虽听过美国的学校会有这样的活动，但是由于如如班上并没有说要穿睡衣，我怕是亘亘听错了，如果当天只有她一个人穿睡衣去上学，那不是挺尴尬的吗？

结果经打电话向同学求证，她们班上明天真的是“睡衣日”，要不是碍于学校不准学生带电子仪器到校，我还真想交代亘亘拿相机将教室里的情景拍下来呢！

当天回来，我急着想知道“睡衣日”的情形。结果亘亘耸耸肩说：“其

实也没什么！就和平常一样上课，只不过大家都穿着睡衣和拖鞋而已，连老师也一样。”

孩子啊！你不稀罕，我这个老妈可觉得稀罕极了！到了下学期的最后一个月，学校举行了学期年终倒数的 ABC 倒计时活动，并且在通知单上注明，并不强迫学生参加，并且请家长不要另外购买商品，一切以家里已有的物品为主。

这个 ABC 倒计时活动其实就是在学期结束前二十六天，每天以一个英文字母开头的活动为主题。例如：

动物艺术日（Animal Art Day）：在家画一张你最爱的动物图画，然后带到学校与全班分享。

球帽日（Ball Cap Day）：戴上你最爱的球队帽子。

色彩日（Colorful Day）：穿上鲜艳颜色或者你最爱颜色的 T 恤。

绘画日（Drawing Day）：今天会有自由绘画的时间。

其中还有间谍游戏日（I spy day）、夏威夷日（Hawaiian Day）、棒棒糖日（Lollipop Day）等等……孩子们每天都很期待隔天是什么主题。其中她们最爱的是夏威夷日，当天她们穿上衣柜里最花的裙子，戴上了我买的塑料花圈，并在夹脚拖鞋上夹上大朵的塑料花后就一路啪嗒啪嗒地上学去了。

她们可以穿夹脚拖鞋上学？没错！平时只要没有体育课，你要穿什么鞋子上学都可以，夏天时女儿们不止一次要求想穿夹脚拖鞋去上学，因为班上也有同学穿（老套的理由），我和阿嘉不允许，顶多允许她们穿凉鞋上学。或许我们传统又古板，但是我们还是认为穿拖鞋去上学并不妥，希望孩子对于学校与老师要有基本的尊重和礼节，因为连带的也会影响她们的学习态度。

WIU 的化石展（fossil show）。

我想这些主题日让孩子们感到有趣的主要原因，不只是学生们每天换不同的装扮而已，所有的老师都会加入这个游戏，也会随着不同的主题来打扮。这让我见识到所谓的美式幽默。在台湾，老师总是扮演着“传道、授业、解惑”的严肃角色，并且同时像爸妈般随时关心学生及训练其良好的生活习惯。但似乎多是站在引导与教导的角度，要如此放下身段与学生同乐与搞怪，真的不多见呢！

现在台湾地区的教学越来越活泼化，有些老师也会在学校运动会时大解放，与学生们一起扭腰摆臀地共同表演。我想，当学生们见到老师与平时站在讲台上不同的另外一面时，不管是东方或西方，他们应该都乐得很吧！

在羡慕美国学校有这些活动之余，回头想想台湾地区。虽然我们没有这些所谓的主题日，但我们也有他们所没有的活动，例如运动会与园游会。这些每年让老师与学校行政团队累得人仰马翻的活动也是我们台湾地区教育的特色。许多学校除了必定包含的运动项目竞赛，还会有寓教于乐的科技、科学竞赛、童玩体验、学生作品展览等等。每年的运动会／校庆期间全校都会沉浸在欢愉的气氛当中，学校也会在校园各角落里用心布置，营造气氛。

用心地回想：台湾的教育并不是只有坐在教室里考试与抄写功课而已，我们也有活泼化教学的一面，大家期许教育能够更好，希望孩子的负担能够更少。教育部门、学校、老师与家长都有这层共同的体认，因此虽然改变是需要时间的，但我想用心改变，台湾的优质化教育指日可待！

永不止尽的派对（Party）

常听到许多人说美国人是“Party 动物”，到底他们有多爱 party 呢？记得看美国电影或影集时，不管是故事的情节发展或主角与人对话的情境，我们时常会看到各式各样的 party 场景穿插在其中。Party 可说是美国人生活中重要的一环。

我们的美国朋友辛迪，有一次我们疑惑着女儿的小学怎么老是在办 party 的时候就曾两手一摊地笑着说：“没办法，你知道的嘛！我们美国人就是热爱 party！”

到底他们有多热爱 party 呢？ 看看小学就知道了！

在林肯小学里，万圣节到了，有万圣节 party、圣诞节 party；ISAT 考试之后更要来个狂欢 party，除此之外，还有感恩节 party、情人节 party、稻草人 party 等各种名目的 party。

有时这些 party 的名目也搞得我晕头转向，例如情人节（Valentine's day）前，亘亘放学后急忙从书包里的一叠纸中抽出一张通知单说：“妈妈！我们下星期要举行 Valentine's day party！”咦！情人节通常不是只有送送卡片或礼物给情人或暗恋对象而已吗？怎么这也能办 party 啊？

“我们也有哦！”如如接着说，“老师叫我们要记得准备给每个人小卡片。”

准备给每个人？每个人都是你的情人？ 我不自觉冒出很“老抠抠”的想法。

情人节派对装饰饼干活动。

各式各样的彩蛋，有足球，橄榄球或动物的脸孔等造型。

ABC's for Parents

Notice and discuss changes in your child's behavior.
注意（察觉）孩子行为上的改变并且与他讨论。

后来我们才知道 Valentine's day 在美国其实是个对于亲近的人，例如夫妻、父母、老师、好友等表达情感的日子。许多学校都会借此机会让孩子表达对老师的谢意，并对同学表示友谊。

事实上，我倒觉得这些节日也是商人乐开怀的日子。每到节日之前，各大卖场就会开始摆出各种与节日相关的物品。例如复活节时，好几排的商品架上都可以看到彩蛋或兔子的身影：彩蛋或兔子形状的巧克力糖果、餐盘与

情人节送同学的小礼。

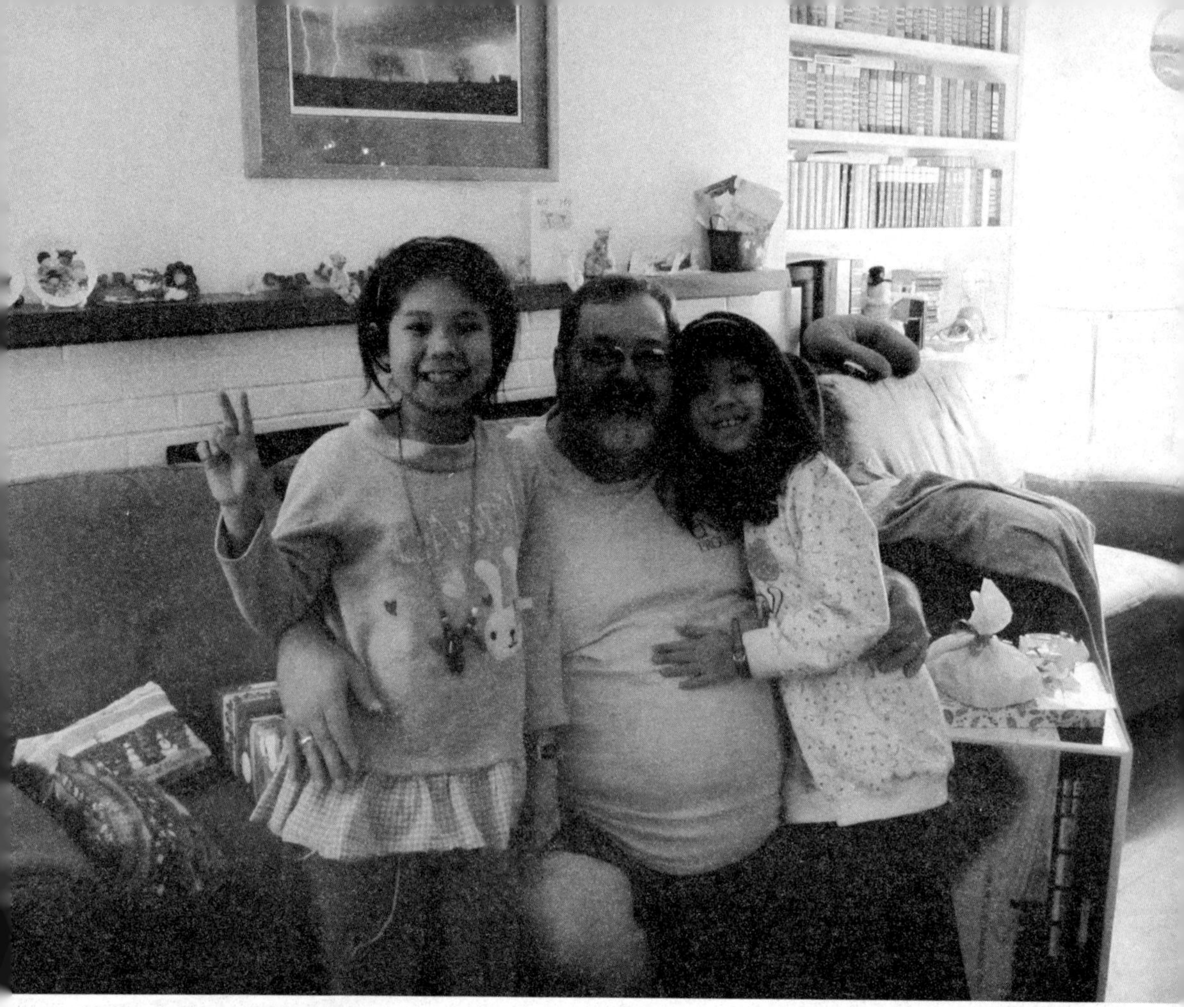

圣诞节时送礼物到雷伯伯家。

餐巾纸、各种可以放在彩蛋内的玩具与玩偶、相关的烘焙用具（兔子形状的蛋糕模具）、相关的手工艺品（将蛋染色的工具）、印着兔子图案的文具、复活节主题相关的DVD、抱枕与毛毯，最夸张的是为儿童准备的一大篮一大篮的玩具组合包。

美国还有一个有趣的现象，就是节日过后的隔天一早就会有一些民众到卖场“厮杀”，因为全部与节日相关的商品一律半价！尤其是糖果饼干，即使是常吃的品牌，因为外包装上印了节庆相关图案，业者会在节日过后的隔天出清，这也是美国购物的一大特色！

事实上，小学里这些所谓的 party，就像是台湾小学的同乐会一样，就是吃吃喝喝再加上玩游戏啰！只是名称不同，还有举办的频率不同！每次看到女儿们发回来的通知单提到将要举办什么 party 时，我第一个反应都是：“妈呀！你们又有 party 啦？”怎么整学期都好像在玩似的？看来我也是跳不开亚洲人紧迫盯人学习的魔咒。

这些节日不只在班级有 party 庆祝，学校本身也都很注重。在美国人最重视的圣诞节放假前一天，学校职员在午餐时，还背了一个大袋子发给每位学生一个大布娃娃！我当天去接她们放学时很惊讶，因为一整排站在接送区等待的学生人手一只布娃娃，姐姐抱的娃娃几乎有她一半高了，学校真是大手笔啊！当然，每个孩子都开心得很。

不只是在小学，只要是有吃吃喝喝兼玩游戏的活动，在美国通常就把它称为party。公园举办艺术节活动，称为art party，大卖场举办的欢迎春天活动，也称为 springtime party。Party 俨然已成为活动的代名词。

当然，像电影里的那种 party 也是不少。像我们是住在大学城里，如果晚上九点以后开车经过大学生住的宿舍区，你就会发现那里的景象与白天可是大不相同呢！小小的房子里常挤着一堆男男女女，不管是站着还是坐着，旁边通常都摆满了一堆啤酒，大家高声阔论着、玩闹着。

从台湾地区来这里念书的学生跟我们说，大部分的美国大学生很喜欢夜生活，晚上通常很忙碌地在各种 party 或 pub 穿梭。

我们的美国朋友就曾说过，**美国人从小透过许多 party 来训练社交能力，包括如何与群体打成一片，如何与陌生人攀谈以及如何找乐子！**当然这在东方人的眼里会觉得，玩还需要学吗？不就是玩吗？

但仔细一想，在学生时代，我们花了许多时间在学习课本上知识以及陶冶技能，很少有机会让孩子从小训练社交能力。在大学时，常看到同学从紧箍的升学压力中一下释放开来时，有了时间，却不会玩乐了，更别提到长大成人时知道如何享受生活。

根据劳委会依照各个国家和地区官方统计资料的比较结果，台湾地区的平均年工时虽不至于是世界第一长，但也是名列前茅，高于日本与美国（二〇一〇年统计）。不过近年来随着休闲风的兴起，台湾人也开始自我觉醒，渐渐地正视休闲活动的重要性，休闲，已开始成为我们生活中的一部分。如何享受生活，真的是需要学习的。

除此之外，在美国同事升官办party、朋友生小孩办party、父母结婚纪念日办party，各个年龄层的人生日（从爷爷奶奶到曾孙）更要办party！也因此美国各大卖场都会有一个区域是专卖办party用品，举凡纸盘、纸杯、餐巾纸、生日帽、彩带等应有尽有，而且上面的图案也有很多选择，甚至各有主题。

美国，真的是个很爱party的国家！

寓教于乐的姜饼屋派对（Gingerbread Party）

小学阶段的party多是寓教于乐的，圣诞节之前的姜饼屋party，其实就是让孩子动手做姜饼屋的活动，有些老师还会配合一些相关的游戏。

因为如如还是二年级，所以二年级的师资群决定将这个活动办在晚上，让更多的家长及兄弟姐妹都能一同参与姜饼之夜。而亘亘是三年级了，所以老师直接在课堂上进行，不过也有征求家长来帮忙。

记得以前也曾在台湾买过姜饼屋的材料和小孩子一起制作，但常常在挤糖霜到斜屋顶时，因为屋顶重量增加而造成房屋倒塌。因此我到女儿班上参与姜饼屋party时，很好奇这些小学生会如何制作呢？原来老师聪明地运用小牛奶盒来当支撑物，因此姜饼屋的饼干墙壁与屋瓦是直接黏在饼干盒上的，这样的制作方式对小孩子而言的确是容易多了。

只见亘亘班上每个孩子都低头认真地想尽办法将饼干黏在牛奶盒上，完

↑老师事先请每位家长提供的各式各样糖果。

亘亘的作品。

学生用糖霜将墙壁和屋顶固定在牛奶盒上。

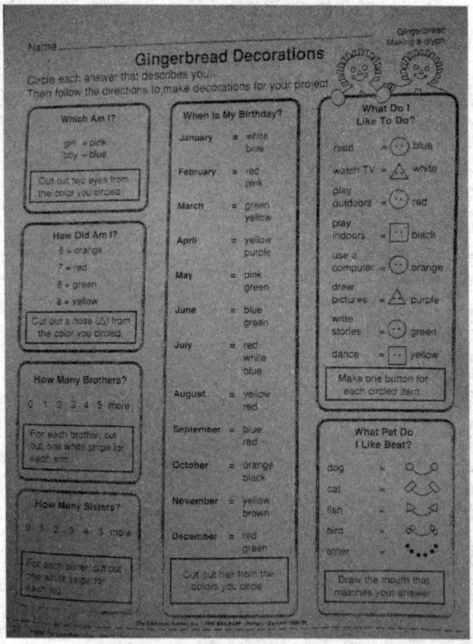
Gingerbread
Making a glyph
Name
Gingerbread Decorations
Circle each answer that describes you.
Then follow the directions to make decorations for your project.

Which Am I?
girl = pink
boy = blue
Cut out two eyes from the color you circled.

How Old Am I?
6 = orange
7 = red
8 = green
9 = yellow
Cut out a nose (△) from the color you circled.

How Many Brothers?
0 1 2 3 4 5 more
For each brother, cut out one white stripe for each arm.

How Many Sisters?
0 1 2 3 4 5 more
For each sister, cut out one white stripe for each leg.

When Is My Birthday?
January = white blue
February = red pink
March = green yellow
April = yellow purple
May = pink green
June = blue green
July = red white blue
August = yellow red
September = blue red
October = orange black
November = yellow brown
December = red green
Cut out hair from the colors you circle.

What Do I Like To Do?
read = blue
watch TV = white
play outdoors = red
play indoors = black
use a computer = orange
draw pictures = purple
write stories = green
dance = yellow
Make one button for each circled item.

What Pet Do I Like Best?
dog =
cat =
fish =
bird =
other =
Draw the mouth that matches your answer.

孩子根据这张『线索』剪贴出姜饼人。

成后就到老师的桌上自己装一盘喜欢吃的糖果来装饰。这些由家长所提供的糖果五花八门的，孩子们看到满桌上五颜六色的非常兴奋，大家兴高采烈地一边做一边吃着，并且彼此欣赏创作，看到别人屋顶上加了两颗糖果当眼睛，自己也赶紧黏两颗再外加嘴巴。结果大家越黏越多，有的孩子的姜饼屋已成了糖果屋，糖果多得几乎快压垮屋子了！不过反正开心就好，**对孩子而言，做的过程就是一种乐趣！**

而如如她们低年级的班，因为办在晚上，所以参加的家长很多。汶特斯太太将活动分成三个部分，一个是制作姜饼屋，一个是玩游戏，一个则是根据线索剪贴出一个姜饼人。

孩子们忙得不亦乐乎，一边努力黏着姜饼屋一边舔着手上的糖霜，如如还黏得手上和头发上都是。当她们把完成的姜饼屋小心翼翼地装进拉链袋时，每个人都是带着得意的神情，并急着拿到爸妈面前展示，好像完成了一件大工程似的。

其中我对于根据线索剪贴姜饼人的游戏很感兴趣，因此我拿着这张汶特斯太太提供的“线索”仔细端倪。原来她要每个人根据上面的问题来描述自己，进而剪贴出姜饼人的五官与线条。例如：你有几个姐妹？有几个姐妹就剪几条白色纸条贴在每一只脚上，诸如此类的问题。透过这样简单的游戏，孩子不但可以复习一些单字，也可以借由回答问题增添一些乐趣，我打从心里欣赏这张“线索”设计的巧思。

同学的生日 party

开学没多久，亘亘很兴奋地拿回一张卡片，说是同学梅根的生日 party 邀请卡，问我她可不可以去。

能亲自体验一下美国家庭的生日 party 当然要去啊！

美国一般很注重孩子的社交活动，其中以生日 party 尤甚。通常举办

同学 John 的生日派对。

party 的家庭会慎重地写卡片邀请每一位同学，并登记要参加的人数，派对之后还会慎重地写卡片感谢每一位来参与的朋友。当然，做法因家庭而异。

我们常说美国人不拘小节，但他们注重的细节和亚洲人不同。就像生日 party，他们就很注重卡片邀请及写小卡感谢的细微部分；到商店买东西，收银人员一定会先问候你才开始结账；有些人邀请朋友来家里吃饭，也会特地写一张邀请卡等等，这些小细节他们就很注重。因此有时候所谓的“不拘小节”只是因为文化与民族性的不同所造成的观感。

Party 前一天两个小女生就兴奋得很，因为这是她们生平第一次去参加 birthday party！

终于到了 party 当天，一放学亘亘就催着我们赶紧回家，因为她要“梳妆打扮”一番。

梅根的保龄球馆生日派对。

我和阿嘉偷笑着说："又不是要去见公婆！"

两个小女生装扮好之后，我们就带她们到 party 的地点保龄球馆。

梅根的父母很热情地招待我们，他的母亲当天挽起头发穿着连身洋装，颇富异国风情的美。看着他的父母忙着招呼这些来参加的小朋友，同时忙着准备蛋糕与饮料等，梅根的爸爸并不忘随时给儿子来一张特写照。

我不禁想着，不论中外的父母，爱孩子的心都是一样的，我们都为了想给孩子一个童年的特别回忆而努力着。

玩了一会儿，就到了 party 的重头戏——吃蛋糕与拆礼物了！看同学们带的礼物盒一个比一个大，看来美国人似乎不时兴"礼轻情意重"吧！

我们全家还合唱了汉语与台湾方言的生日快乐歌给梅根听，他的妈妈兴奋得赶紧以 DV 拍下来。我想这一天对梅根或女儿们来说都是一个很特别的回忆，最后梅根的父母还替每个小朋友准备了一包糖果与小玩具，里面包含了一张感谢卡。

最让我感动的是，不管是邀请卡或感谢卡，他们都很谨慎地在每张卡片写上每位同学的名字，除了可以感受到梅根父母的用心与细心之外，更充分显示出对每个孩子的尊重。这点让我感受很深，在台湾我们常是以大人为主；一场聚会中座位不够，我们通常会说，没关系，我们的小孩子可以站着或抱着。但在这里，他们就会坚持去找一张椅子给孩子坐！

这虽然只是个小动作，但却显示出大不相同的观念。

浓厚的万圣节气氛

十月份是属于万圣节的月份。

怎么说呢？因为一迈入十月，各大卖场就开始摆出大阵势，为这一年一度在孩子心中仅次于圣诞节的大日子而准备！

大型卖场除准备了两大排货架放满糖果，也卖各种装扮衣服与工具：吸血鬼牙齿、妖怪面具、骷髅头或鬼魂形状的杯子、血淋淋的内脏模型、断手掌等，甚至连墓碑都出笼了。（阿嘉看了马上说："我绝对不会在家门口摆这种东西。"看来美国在万圣节时是百无禁忌的。）

万圣节也卖许多应景的糕点，由于万圣节的颜色以橘色和黑色为主，因此糕点架上也充斥着橘色和黑色糖霜的糕点，上面摆着蜘蛛或鬼魂之类的玩偶，非常有趣。

这个月当中，每当我们开车出门时，最大的乐趣之一就是欣赏别人房子前面的万圣节装饰。虽然不是每一户人家都会装饰，但有些美国家庭装饰得很有创意，可以看得出来花了很多心思，让经过的大人不禁莞尔一笑，小孩子更是兴奋得尖叫！

越接近万圣节，街上的气氛也越来越浓，卖场里的糖果折扣战也越演越烈，到处都看得到大大小小的南瓜，令我们家两个小鬼越来越兴奋与期待万圣节的来临了！

第一次制作万圣节南瓜灯笼（Jack-o Lantern）

孩子们的雷伯伯原本和女儿们约好一起做灯笼的，但由于他实在是太忙了，没有办法挤出时间教如如她们做，所以就捧着一个他亲手做的南瓜灯笼到我家给孩子们。亘亘她们第一次看到用大南瓜做成的灯笼，兴奋地不断催促我们开始和她们着手做Jack-o Lantern灯笼。

当天下午阿嘉就摆开阵势开始与亘亘和如如做Jack-o Lantern，两个小朋友早就等不及了，急急忙忙地扒完午餐就摆好桌子坐在后院等她们老爸了。

开始啰！之前我们有在卖场买了一组工具和设计图，因此小朋友们就先将选好的图案贴在南瓜上（也可以自己用油性笔直接在南瓜上作画）。如如年纪较小，还需要爸爸在旁边协助。姐姐第一次做就想挑战难度高的，从两姐妹的作品中可以看出姐妹俩的个性不同。不过第一次做南瓜灯笼两个人都做得很成功，因此两姐妹迫不及待地将她们的Jack-o Lantern放到家门口，静待夜晚的来临。

吃完晚餐之后，天色渐渐黑了，亘亘和如如不断地催促着我们点蜡烛了。蜡烛一点亮，哇！我们忍不住同时赞叹着——好美！点着灯的南瓜气氛完全不同了，我和阿嘉对她们说："这也是我们第一次做Jack-o Lantern哦！"

仔细想想，这一年来美国与以往我们夫妻俩单独出去有所不同，因为有孩子们，我们才有机会尝试做许多不同的事情，也因此增添了许多的生活乐趣。不然，万圣节对于我们大人而言，可能就会像是个普通节日般平淡度过，而不会留下这么多精彩的回忆了。

在这个属于孩子的节日里我们也重拾了我们的童心，一起享受着这个难得的回忆与体验！

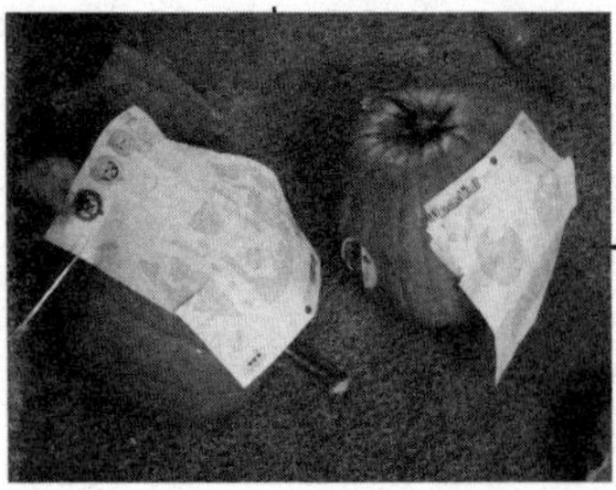

先将选好的图案贴在南瓜上。

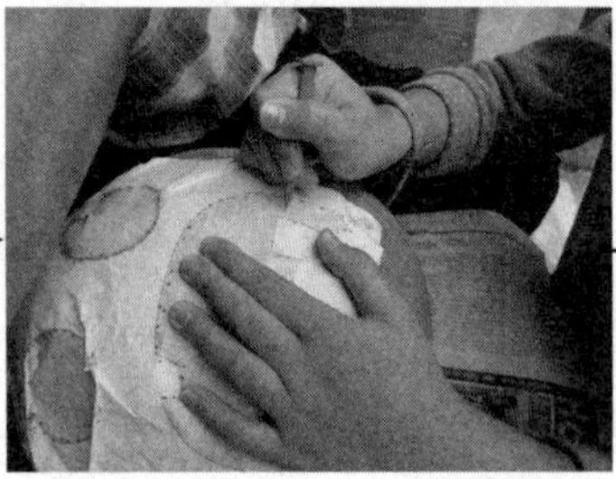

以针椎沿着线条刺一个个的小洞。

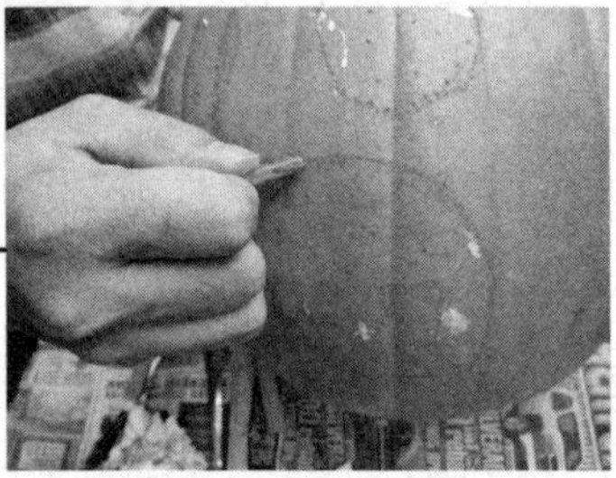

以滚轮顺着轮廓切出线条。

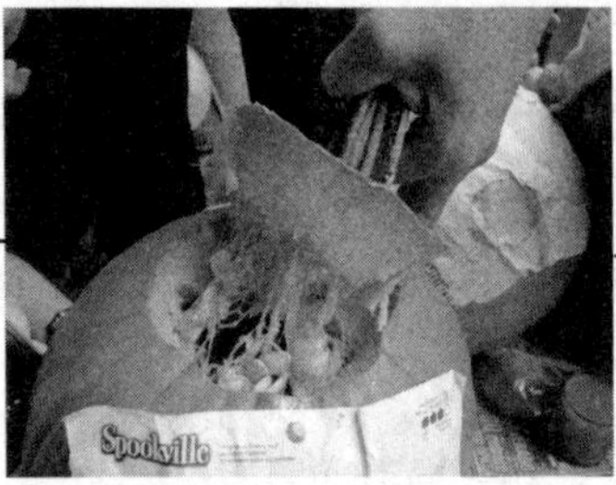

将南瓜顶部以小锯子切开（记得要斜着切）。

将里面的南瓜子挖出。

以小锯子将线条锯断。

以刮刀将里面刮干净就完成啰！

亘亘的
Jack-o Lantern

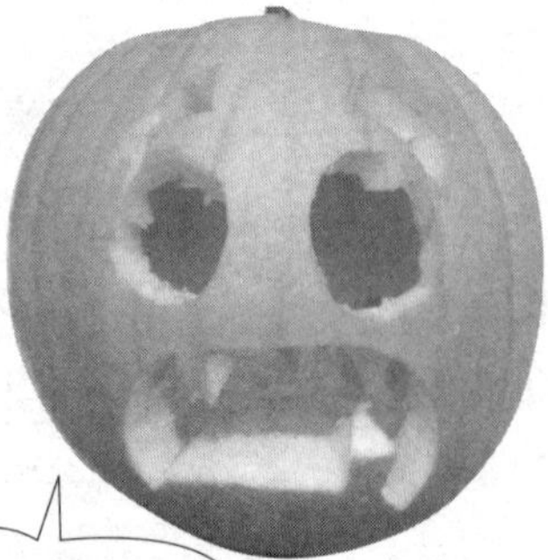

如如的
Jack-o Lantern

纳府万圣节嘉年华会（Halloween Festival）

每年在万圣节的前一个星期六，我们附近的乡镇纳府都会举办一场万圣节嘉年华会。现场除了会将当地居民刻好的南瓜沿路排列供人参观之外（当地称为南瓜会展），也会有万圣节主题游行以及刻南瓜比赛等等的系列活动。

当天我们约了如如的好朋友澄澄一家人一同前往，两家的小朋友都非常开心，因为她们五个人很喜欢一起玩。一到那里，映入眼中的即是一个个橘橙橙的南瓜沿途排列着。街道两旁的商店也都布置着许多万圣节的装饰。沿路上你还会看到各式各样装扮的人与你擦身而过。

“妈妈！你看！那里有个人头上插着一根刀子耶！”如如指着前方惊呼。

“爸爸！你看！对面有一个穿着黑衣，脸涂得白白的鬼……天啊！他的手是骨头耶！”亘亘急忙拉着爸爸看对街上的“鬼”。

看着满街的兔子、妖精、公主、僵尸、木乃伊等到处穿梭，没有人觉得奇怪，这样的情景实在煞是有趣，到处充满欢乐的气氛。在这个特殊的节日

教室里装饰着每个孩子圣诞节的劳作。看出来了吗？这些圣诞老人身上全是满满的数学计算题。

亘亘挑战难度高的Jack-o Lantern。

好美！点着灯的南瓜气氛完全不同了！我们站在门前欣赏了好久，女儿们也很骄傲自己的成果呢！

偌大的蜘蛛网上还放有血淋淋断手断脚等逼真的模型。

里，喜欢搞怪的人可以趁此机会尽情地发挥创意。

由于女儿们刚在家里刻过南瓜，因此对于沿路上各个精雕细琢的南瓜灯笼非常感兴趣，每一个灯笼都低头细细地研究并且品头论足一番。

“哇！这个太神了！怎么能刻得这么细啊？”

“这个就不怎么样……哇！这里有刻狮子王耶！”

孩子们惊呼连连，五个小头也不时挤在一起唧唧喳喳地讨论着。我们大人们也不禁惊叹，这些南瓜灯笼雕刻几乎已接近艺术品，平时在卖场看到摆成一堆的大南瓜时，实在很难想象它们竟然可以被雕刻出这么多种栩栩如生的图案来！

接近傍晚时，游行开始了。其实这场小游行是由当地居民组成的，他们号召有兴趣装扮的居民一起来游街，因此与台湾游行那种敲锣打鼓又浩浩荡荡的感觉完全不同。不过虽然不盛大，却多了一点贴近民众的温馨感。你会看到打扮成骷髅头的夫妻手牵着手出场，也会看到爸爸抱女儿，妈妈牵儿子的动物家庭出场，还有手拿着水晶球装扮成巫婆的老奶奶，及一群用滚筒卫生纸缠住全身装扮成木乃伊的青少年等等，不只让大家开怀大笑，手上的照相机更是闪光灯闪个不停，也为这个平时宁静的小城镇带来不少欢笑声。

随着夜幕的低垂，整条街道的气氛开始变得截然不同！每个南瓜灯笼的脸都亮了起来，借由灯光从里面透射出来，其图案更加的鲜明，也更能显现出作者的设计。

在这场盛会里将入选的南瓜集中在此，让大家参观顺便义卖，赞助一下举办这场活动的花费。这些参加比赛的作品皆须挑选很巨大的南瓜，这样的面积才够雕刻出复杂的图案，果肉也会较丰厚不容易塌陷。

我们细细地观看这些入选的作品，一边观看一边赞叹，这简直是鬼斧神工！虽然因为南瓜是蔬菜，果肉不硬，所以不难雕刻。但是精细的雕刻又是另外一回事了，这时它的柔软反而提高了难度。

卖场里的应景商品。

我们在这个入选的作品区流连了许久，这些南瓜灯笼简直令人爱不释手。令人惋惜的是，南瓜灯笼通常不能摆放很久，一个星期即会开始渐渐地枯萎变形，所以这些美好的影像就只能留在我们心中了！

万圣节前在市场里常会看到成堆的南瓜。

这一家人每年万圣节都会装饰得很精彩，每个角落都有巧思，夜晚来看时，打着灯光更增添了诡异的气氛，门口还放了捐献箱让参观者赞助呢！

林肯小学一年一度的万圣节游行

林肯小学每年在万圣节前都会举行一次万圣节游行。

全校的小朋友包括老师们在这一天都会装扮成不同的造型，然后由老师带领着全班绕学校外围游行一周，返回教室再接着举办万圣节 party，因此每个小朋友都摩拳擦掌地在等待这一天的到来。

亘亘和如如也早在几星期前就唧唧喳喳地讨论着要打扮成什么了。

当天大家都起了个大早，老爸还费心地事先买了人体彩绘用品，帮她们在脸上和手上画上图案，准备让她们风风光光地上场。

等小朋友们出门搭校车上学之后，我和阿嘉也匆匆吞下早餐，拿了两台

相机准备到学校帮她们拍照，留下这特殊又珍贵的回忆。当我们还在沾沾自喜说时间拿捏得刚刚好时，到了校门口才发现不妙，校门口早就挤了很多家长，并且大家都已占好拍摄的角度拿着相机或架好 DV 等着了。更不妙的是，当我们好不容易停好车时，亘亘她们班已经走出校门了！

我和阿嘉马上兵分两路，一人守着一个女儿拍摄。当天早上大约只有摄氏十度，还刮着冷风，我沿路拍照拍得手都冻僵了。而我这个可怜的妈则是顾不得脚上穿着高跟马靴，马上抓起相机狂奔追赶，而且还不忘沿路拍摄！

学生们绕着校园走完一周之后，就各自回自己的班级举行 party。这里的小学很注重家长的参与，也会提供机会让有心参加学校活动的家长奉献一份心力，同时学校也可仰赖家长的支持来维持一些活动的运转。因此 party 的点心，饮料与餐具等都是由家长提供，并且在几周以前就邀请家长共襄盛举。

在这个特殊的节日里，不管是大人或小孩，皆一起装扮同乐。

每个南瓜灯笼的脸都亮了起来，借由灯光从里面透射出来，其图案更加的鲜明，也更能显现出作者的设计。

ABC's for Parents

Offer to help your child organize their school papers.
协助孩子有秩序地管理他们的学校作业。

一走进学校就可以看到各班老师布置的巧思。自从进入十月份开始，几乎整个月份所从事的许多教学活动都与万圣节有关：制作南瓜形状的劳作、谈论万圣节的由来、教有关万圣节的单字（鬼魂、蝙蝠、墓碑等），或者运用骷髅图案教人体骨头部位名称等等。

孩子们整个月份都沉浸在万圣节的气氛里，每天上学都很开心，因为这些课程都很有趣。

如如的老师，汶特斯太太很用心地准备了万圣节的图卡给每个人。猜得出来是做什么的吗?

答案是，美国人很喜欢玩的宾果游戏。

老师准备了上面画有图案的图卡，并且随机念出它的单字，只要小朋友的卡片上有老师念的单字就在上面放一颗糖果，先宾果的小朋友要正确念出宾果那条线上的所有单字之后，就能得到一包糖果。

这真是个寓教于乐的游戏，当然，小朋友都玩得很兴奋啰！只有我家如如一直想把那些糖果吃掉，老爸还在旁边拼命阻止她："不要把老师的棋子吃掉啊！"

进行一些游戏之后，即将进入点心时间了，老师为了安抚小朋友们急躁兴奋的心情，很有技巧地在每组桌上放了三组南瓜拼图。当小朋友们认真将拼图完成后，心自然就会静下来，此时就可以到点心桌上领点心了！

亘亘的班上则是由家长带大家玩游戏，大家卸下"碍事"的装扮之后，就开始吃吃喝喝起来了！

后来听亘亘说中午汉柔小姐准备了比萨和爆米花给大家吃，并且一边看

有些小朋友的装扮都很单薄，甚至有的穿着短袖或短裙。

海洋生物的影片，让她们过瘾极了！

过了今天，学校还连续放两天假，虽说是 Teacher-Parents conference（亲师会谈，主要是要谈孩子开学至今的表现与成绩），但对孩子来说，连着周末足足放了四天假。

加上今天在学校的 party，这星期简直就是儿童欢乐星期了！因为，整个星期都没有作业。

Trick or Treat（不给糖就捣蛋）！

接下来就到了万圣节的重头戏了——Trick or Treat！

女儿们期盼这一天很久了，自从我们帮她们买了装糖提袋之后，两个小家伙一天到晚都轮流在敲家的前后门，说是要“练习”如何讨糖。

在美国与我们家互动最频繁的除了澄澄一家人之外，就属美丽姐一家

入选作品。

了。美丽姐是台湾人，来美国作博士后研究时认识了她的美国老公杰夫，因此在美国结婚落地生根，随着杰夫在 WIU 找到教职后才搬到马科姆来。由于她们家的三个孩子与我们家女儿年纪相近，加上美丽姐很照顾我们这一个独立来此生活的台湾家庭，因此这一年在美国时大家都很常联系。

由于马科姆很小，在这里居住的华人几乎互相都认识。万圣节当天，美丽姐就吆喝了一群年纪相仿的华人小朋友们一起组队“要糖去”！

当晚每个小朋友穿戴起他们的装扮到美丽姐家集合，因为这组“要糖队伍”当天要糖的目标就是美丽姐住的小区。时间一到，小朋友们陆续地从四面八方跑出来，大家都迫不及待地讨论起待会儿要如何讨糖的事。大人们则忙着寒暄以及帮孩子们整顿装备。

马科姆这里的习俗是，如果你愿意参与万圣节讨糖活动，就把家门口的灯点亮，孩子们都知道只能到有点灯的人家敲门讨糖，如此一来不愿意参与活动的人也不会被打扰。

不过久而久之，每个小区就会形塑出它们共同的形态，这一个小区大部分的家庭都没点灯，只有零星的几家而已，通常家长也不会带孩子们到这里来讨糖，渐渐地原本点灯的人家也就不会点灯了。

孩子们的雷伯伯很喜欢小孩子，但因为他住的小区点灯的不多，因此每年他准备的糖果都剩很多，让他感到很失望。今年我们特地拐个弯到他家要糖，他很开心地端了一大碗糖出来给女儿们。

由多个华人家庭所组成的这个“要糖队伍”全员到齐之后，大伙儿就浩浩荡荡地出发了！

第一家目标就是美丽姐的邻居，一堆小孩子像看到猎物似的，全部奋力往前冲啊！对方一开门，就看到一堆小头挤在门口。“小蝗虫们”拿了糖果，道了谢之后，又整群地往下一个目标冲。

刚开始孩子们还很顾及自己的装扮，那些小翅膀啦，巫师帽啦，但是后来发现这些装备有碍于“冲刺”，因此纷纷卸下装备交到父母手上，这

当小朋友们认真将拼图完成后，心自然就会静下来。

汶特斯太太（打扮成修女）开始进行游戏。

时候是精灵或巫婆都不重要啦！要糖才是最重要的事！

我们这些老爸老妈跟在小蝗虫们的后面，一路追赶着他们的脚步，一边喊着小心水沟之类的话，一边又忍不住地被她们的行径逗得哈哈大笑！果然，Trick or Treat 的活动还是要一群人才好玩。

让他们 Trick or Treat 的这些人家除了准备糖果给孩子之外，有些也会准备小礼物：小贴纸或小笔记本等……也有些人不买糖果，而是准备零钱给孩子们，一人发美元十分或二十五分。更有些人会加入一起同乐，在门口装鬼吓来讨糖的孩子，或者要求唱一首歌才可以拿糖果之类的。孩子们都玩得不亦乐乎，整个小区充满着欢乐的气氛，也为这个游戏增添了许多的乐趣。

天色渐暗，爸爸们负责拿手电筒帮孩子们照路与指挥交通，妈妈们则是负责拿着小朋友们不断卸下的装备，到最后他们连外套都脱了，因为跑了一个多小时，全身都已经热乎乎了。

回到家之后，亘亘和如如急忙检查“战绩”。两人将袋子中满满的糖果倒出来，忙碌地互相品头论足一番。

在她们忍不住动手要开始拆包装品尝时，我们赶紧阻止她们。不是因为怕她们吃太多，而是因为美国以前曾经发生不肖的民众在糖果里下毒的事件，因此现在家长们都很提防。虽然我们住的城镇民风淳朴，但还是不能掉以轻心，所以阿嘉和我小心翼翼地检查过每一颗糖果（只差没拿放大镜来看）。挑出可疑的糖果之后，就让她们大快朵颐了？ 错！ 自从在这里付过令人心痛的牙医账单之后，我们就相当谨慎地限制她们吃糖的数量了！所以让她们挑选想吃的糖之后，其他的全数充公，往后再陆续“配给”给她们吃。不然一下子将好几斤的糖果吃完还得了呀！

令孩子们欢欣雀跃的万圣节就在满载而归的 Trick or Treat 活动后结束

进行宾果游戏，所制作的万圣节图卡。

二年级老师装扮成修女，三年级老师则是米老鼠。

每个教室外面都装饰万圣节主题的学生作品。

学生们绕着校园走完一周之后，就回各自的班级举行 parly。奇装异服大合照。

『要糖队伍』全员到齐之后，大伙儿就浩浩荡荡地出发了！

了。在这整整的一个月中，也让我们这一家短暂停留的居民好好地体会并且享受了这个欢乐的节庆，并在我们共同的记忆库中存下了许多美好的回忆。

唯一令我烦恼的是，孩子们的“战绩”再加上我事先准备让别家孩子讨糖却“滞销”的糖果，家里的糖果目前就像座小山似的！我该往哪里销啊？

备受重视的音乐课与美术课

圣诞节音乐会表演

圣诞节的前一个周末，学校的音乐老师乔瑟太太安排了一个表演节目，让每个学生都上台演唱圣诞歌曲，当天还安排了与圣诞老公公合照及早餐募捐活动，为即将到来的圣诞佳节增添不少气氛。

表演的场地是在当地的高中礼堂，老师还特别叮咛学生们要打扮一番，看来是场正式的表演。当我们进入高中里正疑惑着怎么没看到多少人时，一踏入会场就发现里面已坐了满满的家长，而许多小朋友也已站上舞台开始排列表演队形。

当我们坐在里面看表演时，让我联想到女儿们在台湾就读的幼儿园。他们每学期末都会安排一场英语话剧成果发表会，从幼幼班到大班的孩子，每个人都能上台表演。现在礼堂里的情形就和当时幼儿园的发表会一模一样：里面坐满了家长和小孩，一群家长聚集在前面准备拍照，看表演时也不时掺杂着小小孩讲话和哭泣的声音。

亘亘说她们在音乐课时有练习乐器，但很简单，只要看到符号就摇一下，所以只有练习几次而已。看她们两姐妹一副“安啦！”的模样，我们想那就船到桥头自然直吧！

直到表演当天，我才相信她们在学校真的没啥练习！因为表演得杂乱无章，许多孩子在台上跟着老师比动作时双手根本就是乱挥舞。回想之前在台湾幼儿园的发表会几乎都演练一两个月。

Provide your child with good role models.
为你的孩子提供良好的榜样。

相较之下，这场音乐会就显得训练不足。不过由于这里只有一位音乐老师训练所有年级的学生，受限于上课时间与体力，能达到这样的结果已经很不错了。不过，我不禁想：这或许也是民族性的不同吧！台湾人多半会一直重复练习到完美才上台，这里则较注重让学生有一个上台表演的机会，开心就好。

表演结束时，每个父母都到后台出口去接孩子，这时我发现几乎每个美国家长见到孩子的第一句话都是：“我很为你感到骄傲！（I am so proud of you！）”并且外加个大拥抱。

当我们拥抱着女儿们说“你好棒”时，面对周围此起彼落的“我很为你感到骄傲”的话语，我们似乎显得拘束多了！这时我才发现，我们东方的家庭很少会说出“我很为你感到骄傲”之类的话语，我们通常会说：“你表现得真好”之类的，但这两句话所展现的强度是不一样的。

或许是因为语言习惯不

同的关系，但我发现美国人夸奖孩子时，经常将这句话挂在嘴上。不管是表演或竞赛结束时，或者是毕业或结婚时，美国父母在这方面都很大方不吝啬地夸奖孩子。当孩子知道父母为他感到骄傲时，所受到的肯定无疑大过其他的赞美！

记得有一次，如如的好友澄澄邀请我们去听她与姐姐梦梦的小提琴发表会时，梦梦演奏了一曲高难度的曲子，而且是全场唯一一个与老师合奏的孩子，她完美的演出获得了满堂喝彩，大家对这个只有五年级的东方小女生精彩无误的演奏深感佩服。

会后，有好几位同样是带孩子来发表的父母，主动走过来与梦梦握手，并且称赞她的好表现。小女孩腼腆地笑了笑，点点头说："Thank you！"

许多美国人对于称赞别人一点都不吝啬，尤其对象是小孩子，他们觉得表现好的孩子就应该获得该有的赞美，即使这个孩子他并不认识。

想象你平时参加孩子的才艺表演或发表会时，看到有其他孩子表现得很好，你想夸奖他时，你会怎么做?

在台湾，大家通常会主动和那个孩子的父母攀谈，并对他说："你的孩子表演得真好"之类的，然后再"顺便"对孩子说"你很棒"之类的话语。

但在这里，让我感到很特别的是，美国人称赞孩子时，大多只对孩子说话，而且有时候说完就走了，其间与孩子的父母连打声招呼都没有。或许以东方人的眼光来看似乎太不尊重父母，但对他们而言，最主要是要让孩子知道他表现得很好，他称赞的对象是孩子本人，和父母并没有关系。

仔细一想，我们的做法是否孩子较像是附属在父母之下的?比较像是："哇！你的孩子表现得真好，代表你教得好！"

但在这里，孩子的表现是孩子的，称赞当然也是归孩子。

这种把孩子当作一个独立的个体来尊重与对待，我在美国时常感受到，并且一次又一次地冲击了我。

回想从前在台湾地区时，曾有一个朋友向我抱怨，有一次孩子的外婆去世了，她让孩子到学校请问丧假总共有几天时，学校里负责处理请假手续的职员以很不耐烦的口气告诫她的孩子说："小孩子不要老是想要请假，事情办完就好了，不要请太多假。"这位职员还将这段话重复说了许多遍，最后还是没告诉孩子他的"权益"共能请几天假，让她那个平时脾气很好的孩子气红了脸。

每次想到这件事时就让我不禁反思，有时教育人员或者是父母习惯处在管教孩子的位置上，却忽略了对孩子的尊重。"尊重"并不是指做什么事都要先问过孩子的意见或意愿，"尊重"也不代表就是向孩子低声下气，"尊重"只是对待孩子如同是一个独立的个体，一个人，而不是成人旁边的一个附属品。

如果我们的下一代在成长学习过程中从周围的成人之间感受不到尊重时，你又怎能期待他长大成人时能够成为一个尊重他人且谦恭有礼的人呢？

没有桌椅的音乐教室

下学期时林肯小学的音乐老师乔瑟太太安排了两周的时间为音乐日（Music day），在这两周期间，家长可以到音乐教室参与孩子的音乐课，鼓励家长参与孩子的学习历程。

秉持着想了解美国小学音乐课如何教学的好奇心，阿嘉和我准时来到音乐教室。

乔瑟太太是一位很认真的老师，除了圣诞节用心地训练全校学生上台表演之外，平时也会将她上课的情形录像上传到影音网站分享，并细心地给每个家长网址链接，让家长即使在家也可以上网看到孩子上课的情形。

这次的Music day家长都很踊跃，大概是难得有这么一个正大光明的机会可以和孩子坐在教室内一同上课吧！走进音乐教室，映入眼里的是一个铺着地毯的大空间，四周的墙壁贴满了歌曲，柜子里则摆放着整齐的乐器。令我惊讶的是，里面没有半张学生的桌椅！

音乐一响起，谜底就揭晓了。乔瑟太太首先带大家一起做一些律动，所有的学生先围成一个大圈圈，跟着音乐节奏做动作，时而蹲下时而转圈的，孩子们咧着嘴不停地笑着与跳着。

换下一首曲子时，改成分小组的舞蹈，有点像是我们的土风舞一样，孩子们四个一组手牵着手跟着音乐的节拍快步地踏并步跳着，四人一下绕圈一下交叉排列，不时有小组跌倒在地，孩子们玩得开心，连在旁参观的父母都跟着开怀大笑。

接着乔瑟太太以投影机将乐曲投射在白板上，一边解释曲调一边教孩子们唱歌。这时候学生们则全部坐在地毯上，听着乔瑟太太讲课。我观察了一下学生们的姿态：或坐或跪的，甚至较调皮的学生还躺了下来，也有几个孩子坐得远远的听课。

我想这如果在台湾，老师早就出声纠正他们的姿势，并且要求他们坐好以尊重老师。换句话说，我们已习惯学生要正襟危坐地听老师讲课才是良好的学习态度，才是认真的学生，包括我在内。老实说，坐在后面看时，我骨子里的老师习性，真有一股冲动去叫那些学生坐好呢！我心里实在很佩服乔瑟太太的忍耐功力。

但事实上，她除了出声制止讲话的学生之外，对于那些躺着的学生脸上看不出有任何的不悦。或许这就是美国教学的风格吧！让孩子们在这个教室里轻松地学习，不需排排坐也不需集中听讲，但却有着丰富且有趣的内容。

乔瑟太太上课的节奏非常紧凑，一个个不同内容的课程变换着上，孩子其实并没有时间无聊或捣蛋。在这个四十五分钟里，我看到了一群开心的孩子，重点是，开心之余也包含着丰富的内涵，我相信这样的学习对孩子而言才是真正的寓教于乐！

我看着教室内这群开心的孩子，心想，有这样的音乐课真是幸福，我的孩子幸运地参与了一年，不知道回台湾之后，她们会不会想念这里的音乐课？

与社区结合的美术作品展

下学期学校发了一张通知单说，接下来会连续两周将学生的美术作品展览在小区的艺术中心，欢迎家长去参观。这可新鲜了，不是展览在学校，而是将学生作品展览在艺术中心？看起来挺慎重的。

找了一个午后，我们带孩子一起到艺术中心去欣赏她们的作品。

一走进去就看到整面墙贴了满满的画作，从幼儿园到三年级的作品都有。每一幅画都整齐地夹在线上或者贴在硬板纸上并附上名条，这些背后不知花了多少时间准备，足以看出美术老师史密斯太太的用心。

一走进去亘亘和如如就急忙地冲到各个贴满画作的墙前寻找自己的画作。

“妈妈！你快来看！这是我画的！”亘亘兴奋地在众多自画像中指出她的创作。

如如看到姐姐找到了，也急忙着找自己的作品。

“咦！这是我们班同学的画耶！为什么没有我的？”如如指着墙上其中一幅画疑惑地说。

“啊！”她恍然大悟地拍了一下头说，“我那时没有作完，有好多同学也都没有作完。”

“真是太可惜了！”我惋惜地说。仔细一看，二年级以下的画作的确较

这样的音乐课真是幸福，我的孩子幸运地参与了一年，不知道回台湾之后，她们会不会想念这里的音乐课？

少，如如班上没有几个学生有展出，可能是低年级的孩子动作较慢，来不及在展览前完成作品。

原本担心如如会很失望，不过看她失望了一会儿，就又蹦蹦跳跳地和姐姐一起去找她们认识的朋友的作品了，这孩子心情调整得可真快啊！

要离开之前与史密斯太太闲聊了一下，我们称赞她很用心，还特地办了这个展览，让孩子们很有成就感。她也毫不掩饰地显现出对这两个台湾小女孩的喜欢，不断地对于她们的创作能力与学习能力大大地夸奖了一番。亘亘和如如虽然对于老师口中快速吐出的一连串英语一知半解的，但也听得出来是在夸奖她们，小脸庞上显露出非常高兴的表情。

基本上根据孩子这一年回家后的叙述，史密斯太太的美术课内容与她们在台湾小学上的美术课差异性不大，都会运用许多不同的素材让学生创作，有些课程她们还略嫌过于简单，不够挑战性呢！

但从与史密斯太太的谈话中可以看出她非常热爱与孩子们一起进行美术创作，我们可以充分感受到她对于美术的热情。看着她精力充沛并笑声不断的模样，可以想象孩子们上她的美术课时有多开心。

走出艺术中心时，我和先生忍不住夸奖起这种将教育与小区结合的做法。与台湾地区相比之下，这里的学校与小区的联结性较强。亦或许因为乡

排队等着涂指甲油的小女生们。

下资源少，彼此资源共享更显得其重要性。加上马科姆是个大学城，因此学校有协助教学的需求以及办活动时需要协助等皆可以向 WIU 请求支持，或者与其社团活动相结合。之前林肯小学办理每年一次的家庭日（family fun night）时，学校除了租用几组大型气垫游乐器材之外，也请了不少 WIU 的大学生带领孩子们玩游戏、帮孩子做脸部彩绘、涂指甲油（你没看错，就是涂指甲油）、做棉花糖、刨冰等。小学也会带学生走出校门到 WIU 看展览或观赏大学生的表演。

其他三年级学生在 ISAT 大考之后，地方电信业者免费请每个学生吃爆米花、小区退休的农夫服务性质到学校教孩子们认识农作物等。另外，小学方面也会安排认识小区的户外教学活动，让孩子们对于生长居住的环境有所认识。

除此之外，美国许多学校也会与附近商家合作，进行募款；马科姆各学校里有卖与附近大卖场合作的折价券（coupon），这是由马科姆教育基金会所发起的募款活动，家长花二十美金购买折价券后，可以在卖场抵用三十美元的商品。由于家长原本就需要常到这些卖场购物，透过这样的方式，家长获得折扣，学校获得商家捐款，商家则吸引家长来购物，促成学校、商家、家长三赢的局面，这也是在台湾较少见的。

台湾一向注重利益回避，并且学校也很避免带有商业色彩，因此这样的模式在台湾并不容易推行。而美国是个典型的资本主义国家，与台湾的文化习俗皆不相同，很难断定此种模式的好坏。不过目前美国经济衰退，各地方的教育经费紧缩，此方式无疑也是帮助学校维持教育质量的好方法。

另一方面，美国将学校部分的教育活动与小区相结合的做法，我觉得很值得台湾参考。阿嘉和我的大学好友詹姆斯，他在宾州一所中学里任教，学校的计算机课会依照小区店家的需求，帮店家设计广告单或小区报纸；学校的盆栽课也会配合小区活动到某些地点栽种植物。

三年级学生自画像。

亘亘的自画像。

另外，如 WIU 与高职合作开设木工营建的课程，负责教学的教授每年皆会带领学生建造一栋木造屋或仓库等。教授会事先征求小区人士的购买意愿，想购买的人负责出钱购买材料，学生则负责建造。这样的合作模式不但解决了材料经费问题，建造一个实际可用的成品相信也会让学生拥有高度的成就感。

近年来台湾地区的政府教育单位也已逐渐重视小区与学校共享资源的概念，虽政策面与现实面仍有差距，但至少已重视到此议题。诚如之前所提，各地风俗民情不同，并不是看到有不错的制度或做法将它移植到台湾就行得通。近年来教育部门永续校园计划推动的“无围墙校园”就是一例，其计划是鼓励将校园围墙拆除，让学校一改封闭的印象，拉近与小区间的距离。许多学校为配合政策纷纷将围墙拆除，有些改为在视觉上较具穿透性的栏杆或灌木矮丛，有些学校甚至完全开放。

开朗有活力的史密斯太太。

此政策一推出即备受争议，因为学童的安全是第一优先考虑的。对于大学校园无围墙大家较无异议，因为大学生已是成人，其安全顾虑原本就与中小学学童不同。而对于中小学开放围墙的政策，姑且不论学者评估报告或者议员的政策主张，在实际的教学现场里，开放的校园虽然对小区民众是友善的，但不可否认的，对于学童的安全的确堪虑，尤其是小学的学童。

有些赞成的人以美国为例，认为美国的校园无围墙，与小区结合性强，值得学习。但仔细评量不同的文化背景，事实上美国中小学校园虽无围墙，但校园的建筑物设计是与台湾地区不同的。美国的学校整个校园就是一栋密闭式的建筑物（或几栋密闭式建筑物互通），每道门皆有门锁，大门口进来马上就有行政人员管控出入者，学生是无法自由进出的，当然外面的人更无从进入。表面上是校园无围墙，但实际上却将学生保护得相当好。

而美国会设计这样的建筑物主要的原因是美国大部分区域都会下雪，因此学校上课需要提供暖气，所以建筑物本身必须封闭设计，进而延伸这样的设计。但像洛杉矶与奥兰多几乎终年不下雪的地区，那里的中小学的建筑就与台湾较雷同，每栋建筑物都是开放式的，但，那里的学校就有设立比人高的围墙或铁网。

以詹姆斯任教的中学为例，他的学校也是密闭式的建筑物设计，只要是上课时间，所有出入的门都是锁住的，要进入校园的人都必须刷卡或通过对讲机才能进入。而林肯小学也是相同的，学校只开放通往办公室的那道门，因此所有的人只能由办公室进出，并且管理严格。如果学生需要到另外一栋教室上美术或音乐课时，一定要有老师带队，因为每一道门都是上锁的，只有老师有钥匙。

我们第一次去参观女儿的音乐课时，刚好遇到汉柔小姐，她马上说要带我们过去，我们原本不好意思劳烦她，说我们自己去就好了。想不到汉柔小姐坚持一定要带我们去，结果到了本栋通往音乐课教室的出口时（音乐教室是在本栋隔壁的另一栋建筑物），我才发现，原来需要钥匙啊！当然，从音乐教室回到本栋的教室时也需要钥匙才能进入。学童去上课时都是全班排队由老师统一带回（出）教室的。

我才了解，原来他们保护学生是做到这样的程度。

即使是下课时间，学生也是全班排队一起走到学校的户外游乐区，此游乐区周围由一大片一望无际的草皮所包围，平时有外人接近即很明显，可说是一道隐形的围墙。重点是，休息时间皆有助理老师（Program Assistant）在外面看着所有的小朋友，并且维持秩序。而回教室时，也是必须所有学生排好队由老师统一带回教室的。

如果你说只有小学生才需如此保护，我曾参观过几所中学，同样是封闭式的建筑物，进出则是需要教职员刷卡才能开门的，而学生的下课时间与午餐时间也是都有轮值老师看守的。

但是台湾地区的校园建筑设计并不同，围墙一拆，所有的教室都是开放

于大峡谷全家合照。

爱迪生小学的音乐教室，与琴键盘配合的计算机教室。

式的。换句话说，外人进入校园都是通行无阻的。一到下课时间，学生一哄而散，各个校园角落都是他们的游乐园，同时也是让有心人士可以有机可乘的时候。以前亘亘她们在台湾的小学老师会规定低年级的孩子只能在同一楼层活动，以此保护他们。但如果单靠校警或老师的力量来维护校园安全，力量其实是很薄弱的。尤其小学生还无保护自己的能力，其安全尤其堪忧。

就我们所参观的学校，小学一天有两次户外游戏时间，但助理老师必须待在现场指导。而中学部分，学生就只有三分钟下课时间用来更换教室，因此自由的时间相当短。相较之下，台湾学生一天下课的时间很长，学生可以自由在校园行动，其间并没有老师看守，校园安全就更显得是重要的议题。

有些小学校园还常有怪叔叔出没，曾经耳闻过怪叔叔几乎定时都来“拜访”，有时候骚扰的对象不只是学生，甚至是单独在教室批改作业的老师！这样的人实在防不胜防。

或许如部分的人所说，围墙并无法阻隔校园暴力或者想翻墙出去的学生，但是围墙可以防范外人进入校园。不能否认的，有一个阻隔还是比“直接踏入”强多了!

开放式的校园，确实有一些优点值得称许，但回归学校的本质而言，学校是个教育学生的环境，应该要提供学生一个安全且能专心学习的环境。加上中小学学生皆还是需要成人保护的阶段，开放式的校园无疑增添了师生的危险性以及给想逃学的学生“方便性”。

以家长的角度来看的话，孩子的安全与小区的友善度相比，我想前者的重要性永远远大于后者吧!

美国小学里虽然数学与语文仍是教学的主要科目，亦是家长们所重视的能力，但，音乐、美术与体育等在台湾被归类为艺能科的科目同样备受重视。

这一点在我们下学期时参观马科姆镇另一所公立小学（四到六年级的学生须到此就读）爱迪生小学时就深刻体会到了。其音乐教室设备之齐全令我们惊叹连连，尤其是那间与琴键盘配合的计算机教室更是令女儿们羡慕不已，直呼为了念这所小学还想在美国再留一年呢!

姑且不论各校争取经费之能力或者是否此校端出最好的“牛肉”供家长参观，至少在林肯小学这一年里，我感受到的是丰富有活力的美术及音乐课程。其任教的老师不只用心而且也懂得“营销”，透过种种的活动让家长了解并且参与孩子平时的课程，而相对的也获得许多家长热烈的回响。

试问：如果这些科目长久以来不受学校以及家长（甚至是学生）重视，老师还有持续下去的热情吗？即使老师愿意，学校行政愿意大力支持其相关活动吗？另一方面，家长也愿意赏脸参与吗？

我想，这些问题都是值得希望朝向五育均衡的台湾教育来思索的。

暴风雪停课

自从来到美国之后，亘亘和如如就非常期待下雪。

记得十一月份时，我们带她们到加州欣赏大峡谷的美景，刚好飘了一点小雪，当我和阿嘉被眼前壮阔的美景所震慑住时，忍不住不断地对孩子们说："快看！快看！世界著名的美景就在你眼前耶！你们看那些层次分明的岩石……真的好美……"

只记得两个小家伙抬头看了不到一分钟，就马上低头继续玩飘落在石头上的薄薄雪片。

亘亘站在结冰的湖上写字。（看得出来她写的什么吗？）

阿嘉连忙说："嘿！我们坐了大老远的车来这里，你们还不赶快欣赏，世界级的美景耶！"

只见亘亘头也不抬地说："这是我们第一次看到雪，对你们或许不稀奇，但是对我们而言，雪比大峡谷稀罕呢！"

看来这个世界级的美景只适合我们两个"老人家"自己坐在岩石上欣赏了，但也可以想见"雪"对她们的吸引力有

在后院随时可以玩雪以及与邻居打雪仗。

多大了。

从十一月开始，美国各州陆续进入雪季。我们每天早上起床第一件事都是打开电视看气象报道。由于美国属大陆型气候，其天气比海岛型的台湾地区更加地变化多端，一天的气温变化幅度也相当大。

我一直很喜欢雪，虽然我怕冷。但是每当看到下过雪后的大地整个被银白的雪覆盖住的模样，白雪皑皑、纯净洁白，整个世界只剩下白色而无其他颜色时，让人不自觉地感到心旷神怡，整个心情也像洁净的白雪一样，清明透亮起来！

虽然当地人看到下雪就皱眉，听到我们全家人喜欢雪更是觉得不可思议，但当他们听到台湾除了高山之外是不下雪时就能理解，但总不忘补上一句：“你们再多住几年就知道了！”言下之意，每年的雪季都是他们头痛的时刻，因为每天都必须与雪搏斗一番才能出门（刮车上的积雪与霜，有时还必须得铲出车道）。

但，我还是很喜欢雪。尤其是窗外飘着雪花时，我们四人在家里各自捧

整个世界只剩下白色，心情也轻透了起来！

着一杯热可可，一边啜饮着一边靠着客厅里人大的落地窗，欣赏着外面的雪景时，整个大地就好似所有声音都消失了般地寂静，时间也像是停止了一般，只剩下铺着白绒绒雪毯般的美景。

这时我都会不禁徐徐地叹出幸福的叹息声，并且把握时间贪心地用双眼来回浏览眼前银白的大地，深怕这一刻稍纵即逝！

亘亘和如如更是开心得很，只要外面有积雪，两个小女孩就开始穿戴各种装备，雪衣、雪裤、雪鞋、围巾、手套、毛帽等。待准备妥当之后，就拿着雪铲和工具到后院玩雪去了！

在雪季期间看到全国各地不时下着大雪或暴风雪时，我们就会庆幸马科

雾茫茫的一片，这场暴风雪足足让林肯小学连放了三天假！

姆实在是个好地方，因为大部分的雪都到芝加哥为止就没有再往南移动。以天气来说，这个小城镇是相当好的。

但是女儿们失望了，因为她们一直等待有多一点的积雪，好让她们可以堆个雪人呢！结果，老天果然让她们如愿了！在二月份时我们遇到了这里十几年以来最大的暴风雪！

暴风雪来的前一周，各地就开始发布警告。当地的一些朋友都还特地提醒我们这两天密切注意天气预告，有可能学校会停课。结果隔天一大早就接到 WIU 以及林肯小学的语音留言说今天因为暴风雪整个学区都关闭了。

我们的美国友人辛迪早上也赶紧打电话提醒我们最好都待在室内较安全。她还笑说，这种让整个学区都停课的暴风雪，在马科姆她大概二十年没遇过了，想不到我们只来一年就让我们遇上了！

暴风雪之后，车子都埋进雪中。

精心准备要送给每个同学的红包。

我和先生都不敢置信，原本以为暴风雪在美国是很常见的，但想不到这个暴风雪对当地人来说也是很罕见的。听朋友说学校其实已经有好几年都没有因为天气停课了，我们这种运气也是很少见的吧！

到了八点多，女儿们醒来时大叫着：“天啊！我们迟到了！”

我和老爸才好整以暇地回答说：“今天学校放假啦！”好像在台湾放台风假一样。想不到如如马上哀号着说：“这样不就不能发给同学红包了？我要去上学啦！”由于再几天刚好是大年初一，所以我们准备了一些红包要给她们班上的同学体验一下中国的新年。我们将每一位同学的姓名翻译成中文，并附上一封中英文的祝贺信装入红包中，里面还放了金币巧克力代表压岁钱。

为了这个礼物，我们全家忙了一个周日下午，两个小女孩也期待不已，昨晚还准备了长洋装，准备今天以“优雅的打扮”到学校发红包，想不到这场暴风雪打乱了她们的计划。

如如好失望，一直嚷着要去学校，我们则取笑她说：“什么时候你变得这么爱上学啊？”

看了一下窗外的天气，外面没风没雨的就宣布停课？但这次的暴风雪看电视新闻以及县政府皆是严阵以待，我想不能轻忽。最主要的原因不是只有下雪量，而是因为同时还刮着大风。

当地人都跟我们说过，只有下雪不可怕，同时刮风才可怕，因为这种冷风足以让温度下降十几度，待在外面不到三十分钟就会受不了了！

早上到了九点多，雪开始变大了，除了雪的颗粒比以往的大且绵密之外，同时还被风吹得狂奔乱飞的，我们才感觉到，暴风雪真的来了！

不一会儿，窗外全变得雾茫茫的一片，什么都看不清楚了，因为整个空气中都飘满了漫天狂舞的雪花！我们站在窗边欣赏了好一会儿，这样的情景是生长在亚热带的我们所难得一见的。

暴风雪过后的伊利诺伊州（Illinois）

其实暴风雪只有一天的时间，隔天因为安全的问题，整个马科姆镇几乎停摆，除了全面停止上班与上课之外，连终年行驶的火车也因为大雪覆盖了

暴风雪后的芝加哥千禧公园露天表演厅。

铁轨而停驶。这种感觉很奇特，因为外面正出着大太阳，但由于雪量太大，政府还来不及清除积雪，因此大家都动弹不得。就好像在台湾时放台风假，外头却没风没雨的。

到了第三天，想不到学校竟持续来电通知停课（这一天大学以上要上课，也恢复上班）。家里两个小毛头这会儿知道连续放假三天，马上齐声欢呼。我们住的小区虽道路上的雪皆已清除，但是他们还无暇顾及各家的停车场，因此大家的车子几乎都还陷在一个轮胎高度的积雪中。

芝加哥小巷内，被雪覆盖的模样。

隔壁家的麦克是第一个努力开车“冲”出重围的人。我们看着他努力在他的车子后面铲出了一条小路，好让车子能够开出来，但却开到出口时卡在积雪中。他努力前进却徒劳无功，只好再下来挖挖雪，然后再开。如此动作反复了数次才终于成功！我们躲在窗后暗暗地为他拍拍手！

到了下午，我家爸爸也沉不住气地说：“我们也开车出去绕绕吧！”基于“生活体验”的理由，我们全家带着好奇观察的心态上路了。由于从我们小区开出去的那条大路即是高速公路，沿路上看到有几辆在风雪中滑到旁边凹道的车辆倒在路边，有些几乎一半车身都被雪掩埋了，可以想见暴风雪当时的危险性！

沿路上看到有些车辆几乎是“灭顶”在雪中，实在无法想象要怎么自己把车挖出来。多户人家趁着雪停了，赶紧人手一铲地开始为自己的爱车清出一条路来。因为在这里，没车就等于没有脚一样，完全困在家里动弹不得。看着有些车子被大雪掩盖了一大半，更惨的是车子的位置离道路有一大段距离，看着车主努力挥舞着铲子，在低温下艰辛地前进着，我们真正感受到了下雪所造成的困扰，并且衷心感谢我们小区管理员为大家铲雪的服务。不过悲惨的事情也接着发生在我们身上！

此趟“游街”参观之后，我们发现车子的挡风玻璃竟然由于温差太大而出现了裂痕！

在台湾地区开了这么多年车都没遇过挡风玻璃出现裂痕，不过听友人以及玻璃工人说在美国冬天时这倒不是新鲜事。这下可好了，没遇过的事都让我们遇上了！

BEST EDUCATION

VI

美国教育比较好?

学习是否真的只要放轻松?

从小听说美国学生回家功课少，考试少，放学早。

但，真相到底如何?

美国学生较轻松？

美国之大，很难在一时半刻全盘了解，因各州差异性大，法令也不相同，即使同一州别不同地区的学校也有所差别。记得几年前到美国开研讨会时，曾经到匹兹堡（Pittsburgh）找大学的同窗好友詹姆斯。他是巴西的华裔侨生，大学时代常和我们疯在一起，后来与美国人结婚之后，就留在此担任中学的老师。

当时很难得地有机会到他们学校参观，并且参与他教授的课程，所以能近距离及深入地观察他们学校的运作，也让我第一次接触到美国教育现场的真实原貌。而今年，由于两个女儿就读美国的小学，让我能以家长的身份来共同参与教育，以另一个角度来观察美国教育。

音乐课唱国歌。

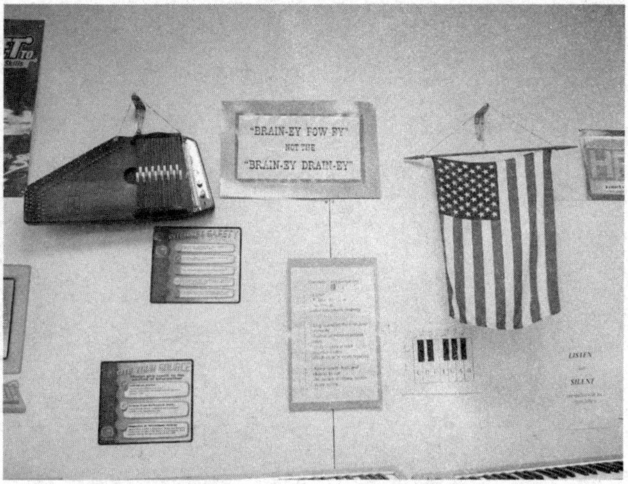

班班教室有国旗。

美国的教育从小就教导孩子热爱自己的国家，虽然他们早上没有像台湾地区一样的升旗典礼，但不管是在詹姆斯的学校、林肯小学或爱迪生小学，每个教室都挂有国旗，每天一大早全班会一起向国旗敬礼，并且背诵效忠国家的誓词。而林肯小学每天也有大约十五分钟的朝会，大多用来宣布重要事项及当天的寿星，并且每天都会轮流一个班上台表演学校希望学生养成的七大好习惯的短剧。

台湾地区之前每天升旗被批评为“形式化”，常有人拿欧美来比较，提出欧美并不注重这些，但国民仍有浓厚的爱国情操，认为台湾地区应该检讨。但在作这样的比较之时，我们有亲临其教育现场看看吗？我们是否有去观察其虽然没有这项措施，但还有做其他项的教育呢？以音乐课为例，这里的学校每一节音乐课都会带学生唱国歌及爱国歌曲，并且唱时不只要求学生站直，还要求他们要将右手掌平放在心脏处，表示对国家效忠与忠诚。这看来似乎有点八股也很“形式化”，但是这里的学校还是一直维持这样的仪式，并且没有觉得有何不妥。

爱国的意识与教育虽不须依赖这些“形式化”的仪式，但是却需要落实在中小学里，通过种种活动与课程逐渐堆叠而起，孩子对于国家的认同与尊重就会打从心底油然而生。

基本上对于从小培养孩子爱国的情操，我个人觉得还是很重要的。

毕竟我们的下一代如果爱自己的国家，也会以自己的国家为荣，这是一种很重要的归属感及认同感。从小引导孩子爱国的观念，他自然而然就会爱这片土地，并且以自己的文化为傲，这并不是在学校办理海报或征文比赛，或者只在课程中融入乡土教学或中国地理就能做到的。

美国小学生不用带书包上学？

美国中小学学生不是不用带书包上学，而是不用带很重的书包上学，因为他们并不需要带课本回家，也没有所谓的习作或练习簿。

美国的教科书是共享制的，一本使用一学年，加上多是精装本，因此每本教科书都是又厚又重的。由于价钱不低（一本大约台币两千多元），多由学校购买统一放在教室，上课需要时学生自行取用，下课即放回书架。这一届的学生使用完即传承给下一届，因此教科书是跟着老师走而不是跟随学生的，学生只有使用权而没有拥有权，也因此老师会要求学生不可以在书本上写字或者做记号，尽量保持课本的完整性。当然学生如要借回家阅读也可以，但是大多数的学生都不愿意背又厚又重的课本回家。

因此如果单方面地解读：因为美国中小学学生不用背（很重的）书包上学，所以他们上学很轻松，绝对是大大的误解。

但是不带教科书回家，要怎么做功课呢？

记得女儿们开学一个月后，有一天亘亘说她们老师至今未使用过课本上课，她根本连课本的封面是什么图案都不晓得！我和先生都很惊讶，不用课本？那怎么教啊？如如也接着说她们的数学课也不用课本的，只有自然与社会课偶尔会使用课本。

原来在美国，老师基本上是依据教学大纲来上课，他们可以自己决定是否使用课本来教学，也可以使用书商的练习卷，或者自己印的讲义与练习题来进行教学活动。因此以社会科与自然科为例，老师不见得会按照课本的顺序教，多是采用一张张的讲义或影片来教学。

因此亘亘她们在学校上课时都是使用一张一张零散的教材或练习卷，每天带回来的都是一大堆的纸张，包含功课、课堂练习卷、考试卷及学校的通知单等。我每天都要花时间去整理那一堆纸，一学期过后，不知不觉已累积了一大纸箱。就我所知，女儿们有些同学的家长都已懒得看或没时间看那一堆纸，就仅止于督

林肯小学每个学生有一个小格子可以放课本及笔记本等。

爱迪生小学教室里统一摆放的教科书。（那些书脊很厚的就是课本啦！）

如如班上的阅读时间，其中一组学生自由地席地而坐来阅读。

促孩子将功课完成而已。

当然不可否认，这样的模式给老师很大的教学自由，教学方式也可以很富有变化，考试的模式也不用拘泥于标准答案的填空题（因为没有使用课本哪来的标准答案？）。

但是从另一个角度来思考，美国这样的自由模式是否会将教学质量大多的比重落在教师个人的教学能力上？换句话说，如果遇到优秀有能力的老师，那真是学生的福气，他可以井然有序并逻辑性地带给学生丰富的知识与学习经验；但如果遇到能力差或经验不足的教师，结果就会非常糟。这一点我们在亘亘的老师身上充分感受到了。

如果以家长的角度来看，望着这一年来放满老师发回来的纸张的大纸箱，我心想，假如女儿们在这里再继续念个两年，我大概也没精力每天看这些数据与作业，更别谈那些下班后筋疲力尽的家长了。

如如自己设计的翻翻书。

ABC's for Parents

Respect your child's right to have opinions different from yours.
尊重孩子拥有与你不同意见的权利。

这些零散的练习卷及课程内容并不方便收拾与整理，加上没有课本，根本无法帮孩子复习功课。当然，这可能也是我这个亚洲妈妈一相情愿的想法，美国的老师可能压根儿就不希望你在家帮孩子复习功课，因为他们并不希望孩子在家花太多时间做功课，不是吗？不复习功课，那考试怎么办？

基本上女儿们除了每周固定的考试之外，如果有额外的考试，老师通常也不会事先告知家长。亘亘班上虽有联络簿，但不同于台湾地区用的是一本簿子，而是采用一张薄薄的纸，一周使用一张，相同的是上面载明了今天的功课及老师与家长的签名。有时候联络簿上顶多草草地写个星期三考数学或自然而已，那范围呢？不知道！我即使在老师发回来的“联络纸”上翻来覆去地，也找不到有关考试范围与内容的相关信息。所以在家复习功课之后再去学校考试这档事，两姐妹在这里根本没经历过！

由于林肯小学一学年分为四个学季（quarter），因此会有四份成绩单，老师基本上是以学生在课堂上的练习及考试当作成绩的。这样的方式对于小学阶段的孩子而言或许是好的，只要上课的内容弄懂了，所有的练习都在课堂上完成了，功课也按时缴交，加上平时行为良好不捣蛋，基本上成绩单都会挺好看的。

美国的教科书还有一个地方与台湾地区不同，就是美国的教科书上并不会注明这是几年级的课本，因为美国教科书的选用方式根据各州的规定而有所不同，可以由各州或各地方学区自行决定采用哪些版本。换句话说，同一本课本在A州是一年级的课本，在B州有可能被选用为二年级的课本。这有点类似台湾地区一纲多本的概念，只是美国教科书的采用权在于州政府或者地方学区，而不在学校，这一点是与台湾地区现况不相同的。在美国至少同一地方学区的教科书版本会相同，而不像台湾地区目前教科书版本由各校决定，因此会产生如果学生从A校转学到B校时，即使在同一个学区，课本也都不同，造成学生必须重买整套课本，并且面临课程衔接之问题。

根据台北市立教育大学张德锐教授的研究显示，日本、中国大陆和台湾地区同属升学压力沉重的社会，这些地方所实行教科书选用政策即是同一区域只选用一个版本。此方法并不违背台湾地区所施行的“一纲多本”的政策，应颇值得参考。

放学时间早，学习较轻松？

另一个让台湾地区学生最羡慕的是，在美国，从小学到高中每天下午两三点钟就放学了（依据到校时间及各州法令有所不同），但是，早放学就代表那里上课的时间较短或较轻松吗？

以詹姆斯所任教的中学为例，他们学校的学生每天下午两点多就放学了。但如果仔细看他们学生一天的作息你就会明白，为什么他们学校这么早就能放学。主要的原因在于学生的下课时间很短。詹姆斯说就他所知，大部分的中学每节课的下课时间都介于两到四分钟，且没有如台湾般一天扫三次地，更没有午睡时间，午餐时间也只有三十分钟，因此放学时间当然早。

为什么下课时间这么短？詹姆斯说主要的原因是怕学生在下课时间闹事，学生之间的冲突很多就是发生在下课时间。因此很多中学都将下课时间浓缩成只够学生到柜子换个课本到下一个教室而已。仔细想想，在台湾的中学，有许多的冲突及霸凌事件也都是发生在下课时间，尤其是时间较长的扫地与午餐时间。这里的设计似乎也有其一番道理。而且美国的学校即使下课时间如此的短暂，学校各个角落还有轮值老师驻守，随时留意突发状况。

在美国，学生上中学之后就没有所谓的班级制。学生没有自己固定的班级教室，所以每人会有一个小柜子让他们放个人物品。每节下课到柜子换了课本之后就到下一个你选修的课程教室去。

不过令我好奇的是，这种短到连上个厕所都没时间的下课时间，都没有家长或学生抗议吗？詹姆斯说："将下课时间浓缩，既能减少学生问题，又能早点放学，谁会不喜欢？"嗯！有道理！

那到底美国学生比我们早放学，上课时数会比较少吗？我仔细数了一下詹姆斯学校的功课表，学生一天也是扎扎实实地上了八节课，中学每节四十五分钟，一点也不比台湾地区学生少！

而且以我们亲自待在詹姆斯学校几天的观察，在学校的学习时间是很紧凑的，从一早来到学校开始，课程就噼里啪啦地接着上课，每堂下课就看到一堆学生挤在柜子前快速更换课本的景象。而午餐时间则由协助老师在旁看顾，午餐结束马上紧接着下一堂课，一直持续到了放学时间，学生一踏出校门就直接上校车，结束了忙碌的一天。

在这里是，节奏紧凑、一项接着一项依序完成一天的学习课程，然后剩余的时间留给学生参与社团活动或休闲活动，并且小学是没有所谓的下课时间的，只有上下午各一次的游戏时间，这段时间学校规定每位学生都必须到游戏场上活动，即使下雪也不例外。

所以你认为，美国的学生早放学真的就比较轻松吗？

个人阅读时间，每个人都有一个篮子，里面装有老师根据每个人阅读程度所挑选的书。

灵活的小学作业

比较台湾地区与美国教科书之内容，发现所讲的主题大同小异，不同的是描述的方式及作业的题型。为何台湾地区孩子数学运算能力强，但在灵活运用思考上却落后？

开学第二周作业就来了！

除了需要协助女儿们完成它之外，我很好奇美国小学的作业内容，真的是只借由游戏和玩耍来从中学习吗？另外，美国小学较台湾地区没压力吗？

错了！美国小学第二周开始就有小考！

不同的是，老师一直向家长强调，考试成绩不要太在意，并且作业不要做太久，如果分量太多一定要告诉她！

记得我第一次听到这些话时，心想：哇！我在台湾还从来没有听过有老师这么说呢！

记得一位亚洲朋友告诉过我，她曾经向老师反映功课量太少了，结果老师的回答竟是：可能你来自亚洲国家或地区，所以才会觉得功课少。姑且不论这位老师回答时背后的隐喻为何？但不可讳言，大部分亚洲国家，例如韩国、日本等，教育系统都有其相似之处，大量的功课及考试，学生肩负千斤般的压力及补习班的四处林立，都是亚洲国家或地区教育的共同现象，也是教育改革的重点之一。

事实上与台湾地区相较之下，这里小学低年级作业的分量的确不多，如如一整个星期的功课就是背十五个单字与两个句子而已。但三年级的亘亘功课量明显增加许多，内容深度也加深了不少。除了每周必背的单字之外，还会有造句、数学或偶尔出现的自然或社会科作业，不过总体而言，还是比在台湾少。

撇开英文能力不谈，我问过邻居同班的小女孩奈以莎她每天大约需要花多少时间做功课，她的回答是：一个小时。

当然，学生作业分量的多寡，端量老师本身及城乡差距皆会有所差异。

我曾经好奇地问过美国当地的朋友们，其中不乏孩子在学龄的父母：美国小学的作业一向都这么少吗？从几年级开始作业才会加重呢？他们的回答是，大部分的学校从小学五年级开始，作业就会明显增加了。事实上，从前他们小时候的作业量是挺大的，每天在学校学习很多的内容，但经历多次的教育改革之后，现在作业量渐渐地减少，老师教的内容也趋于简单化。

整体而言，美国的小学教育非常注重与强调孩子玩的时间及睡眠时间，不管是在校规或老师的班级通知单中都一再地强调。与台湾地区最大的不同点是，只要是假日，就没有功课！

刚开始，我这个深受“放假时，功课应该特多”观念荼毒的家长感到很不习惯，每次放假都不免要再三确认女儿有没有功课。记得放寒假时，我还特别请教汉柔老师，整个假期真的没有功课吗？我很难相信真的有这等好事。

汉柔老师理所当然地回答我：“是啊！如果学生在假期期间愿意阅读一下更好，但也不是必要的。”听得我瞪大了眼，脑海瞬间闪过的是我小时候每次在寒暑假开学前，坐在书桌前赶写着暑（寒）假作业的情景。面对堆积如山的作业簿，外加几张美术作品、毛笔作业（是啊！“古时候”还有毛笔这回事）及让我最头痛的日记，这种梦魇一直持续到中学。当然，现在女儿念小学时寒暑假已无这种像赶业绩般的庞大作业量，只有一些分量少少的象征性作业；这方面的改革，我打从心底赞成！

在美国期间，我很喜欢假日没作业，因为每逢假期我们都会安排一些家庭活动或与朋友聚会，常常回家时天色已晚，如果此时有作业未完成，父母与孩子都会很痛苦！

如果是家长没有时间安排活动的孩子呢？大一点的孩子通常有自己的社团活动或社交活动，小学的孩子则多是在家中的庭院或旁边的草地上奔跑、打球、玩游戏。有时候亘亘和如如就只是在家门口的草地上挖挖泥土，捡捡石头就可以玩上两三个小时。看着孩子在草地上奔跑的身影，就觉得她们实在很幸福。

作业“自由弹性”与“制式僵化”的不同模式

林肯小学，大部分的作业都不是隔天就要缴交。老师通常会在周一或周二就发下这个星期的所有作业，例如：周一发下的数学作业在周四之前缴交即可。台湾地区讲求今日事今日毕，不管功课有多少，当天都必须完成。

这里的方式的确是较有弹性，好处是可以训练学生自己规划时间，早点做完功课这星期就有多一点时间做自己的事。但如果学生不懂得规划，也有可能累积所有的作业到最后一刻。不过老师也想到了这一点，因此每样作业的缴交期限大多不相同，一星期的作业量即使集中在一天做也能完成。

这样的方式让自动自发的孩子能更有空间规划自己的作息与休闲活动，并从小训练孩子对自己的作业负责，让孩子在学习的历程上多一点的弹性。这也是台湾地区教育较欠缺的元素——弹性。

不过，这样的方式刚开始需要家长与老师的引导，这一点是很重要的。毕竟年纪小的孩子逻辑概念还不健全，更谈不上自我规划，加上人与生俱来的惰性使然，要让孩子“自然而然”变成自动自发并能善用时间并不容易。父母的训练与引导，事实上比老师更为重要，毕竟孩子写作业及规划时间是在放学以后，如果单单交给老师，顶多只能督促孩子完成功课而已，并无法

ABC's for Parents

Share an interest or a hobby with your child.
与孩子分享你的兴趣或嗜好。

教他如何规划运用自己的时间。

规划时间的能力使用在读书、准备考试上也极为有用。记得段考时我都会教班上学生如何画表格来规划念书时间。但是你会发现如果在小学高年级时没有养成良好读书习惯的孩子，到了中学之后就很难改变读书习惯，连带的缺乏读书时间的规划能力，进而影响读书效率。因此在小学时期奠定孩子良好的读书习惯及自我规划的能力是很重要的。

美国的“自由弹性”及台湾地区的“制式僵化”两种作业方式各有优缺点，前者有利于自主性强、有规划能力的孩子。但相反地，能力较差或缺乏资源的孩子作业缴交情形可能就会是一团乱。后者则是能够协助惰性较强或者时间安排掌握能力较差的孩子，但同样地，对于能力较强的孩子则缺少弹性而多了限制。

两种观念没有绝对的对与错，端量教育模式的设计概念，设计的出发点不同，选择的方式就会不同，所演变出的模式也会有所不同。

我衷心期待老师与家长都能共同随着时代而改变，给孩子多一点的弹性，多一点的选择。不过在给予孩子弹性与选择之时，别忘了老祖宗所讲的“中庸之道”，任何事情太多或不及都是不好的，这一点在教养孩子时尤甚！

各种“创意”作业

自从作业来了之后，我和阿嘉每天花不少时间一人教一个女儿功课。

最主要的原因当然还是在于她们的英文能力，刚开始只会 ABC 字母的女儿们在学校一直是处于“鸭子听雷”的情况。但是在她们英文能力提升之前，学校功课还是得完成，并且每天也要花点时间为她们讲解老师发回来的讲义内容，以免整天在学校就看着老师嘴巴一张一合的，对于讲什么内容完全不知道。

上学第一周结束时，我们拿到老师发回来的讲义才知道如如班上当周的教学主题是“西瓜”，所以所教的单字及活动，甚至老师讲的故事都是和西瓜有关的。

于是老爸问女儿：“你知道老师这星期在教西瓜吗？”

如如理所当然地摇摇头，又高兴地说：“我只记得老师有请我们大家吃西瓜，西瓜好甜哦！”

真是被她打败了！

小二的课程内容主要围绕着数学及英文两个科目，其中数学许多的概念

亘亘班上每人做一张关于自己的报道。

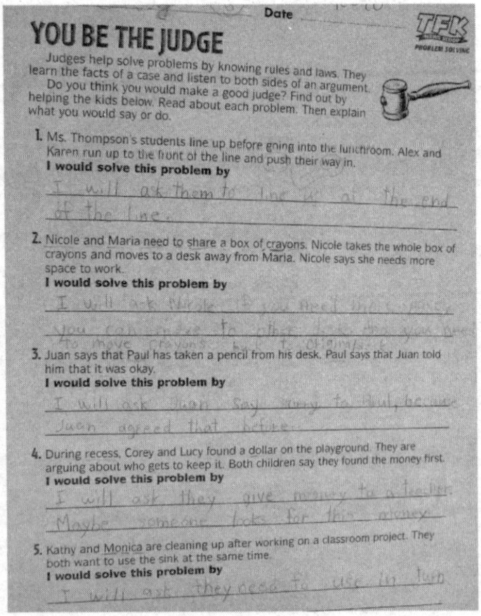

Date

YOU BE THE JUDGE

TFK PROBLEM SOLVING

Judges help solve problems by knowing rules and laws. They learn the facts of a case and listen to both sides of an argument.

Do you think you would make a good judge? Find out by helping the kids below. Read about each problem. Then explain what you would say or do.

1. Ms. Thompson's students line up before going into the lunchroom. Alex and Karen run up to the front of the line and push their way in.
I would solve this problem by

2. Nicole and Maria need to share a box of crayons. Nicole takes the whole box of crayons and moves to a desk away from Maria. Nicole says she needs more space to work.
I would solve this problem by

3. Juan says that Paul has taken a pencil from his desk. Paul says that Juan told him that it was okay.
I would solve this problem by

4. During recess, Corey and Lucy found a dollar on the playground. They are arguing about who gets to keep it. Both children say they found the money first.
I would solve this problem by

5. Kathy and Monica are cleaning up after working on a classroom project. They both want to use the sink at the same time.
I would solve this problem by

由学生以法官的角色来仲裁一些问题。

与台湾小二相似，因此我们会配合从台湾带来的中文课本讲解给如如听。

对于她较困难的是钱币的章节。由于美金的硬币有一分、五分、十分、二十五分、五十分及一元，种类繁多，对于讲义上那些大大小小硬币的人头其实连我也搞不清楚谁是谁，所以着实花了她不少气力来辨识。加上美国的产品多是以小数点下两位来标价，例如饼干一包一点六九美元，因此对于还没有小数点概念的她，买东西时常会嚷嚷："哇！一块钱耶！好便宜！"我则是会敲一下她的头说："拜托！后面还有小数点，一点六九乘以三十之后，一包饼干折合台币将近五十元，哪里便宜啊？"

亘亘则多是卡在应用题型，因为对她而言要挑战的不只是新的数学概念，还有加上语言的隔阂及两地数学上习惯用语的不同。

同时，对我而言也是挑战，有些练习在我们的成长背景是没有训练过

亘亘的运算能力不错，却卡在应用题型。

的。有一次她们的一项作业是运用 A 到 Z 的字母表画出多边形（alphabet polygon）。我和她研究了老半天之后，交了一份不确定答案的作业给老师。隔天放学后，我问她结果如何。

亘亘用夸张的语气对我说："妈妈！你昨天教的全错了啦！"并且还用手肘推推我开玩笑说："亏你还是博士，连小学三年级的题目都做错！"

是啊！真是惭愧！我的确猜不透这个练习到底要做什么，加上课本里根本没提到，还真是难啊！

台湾地区孩子的数学运算能力普遍比美国孩子好，除了台湾地区教育较强调运算训练的因素之外，有不少美国人是抱持着现在科技文明进步，这些运算交给计算机或者计算器即可，人脑应该是用来思考与开创的想法，这样的观念或许也会影响到其看待运算练习的态度与训练，这与亚洲国家普遍认为训练孩子的运算能力，同时也就在训练其计算能力及逻辑概念的观念也是不相同的。

一些在大学任教的教授也提过，亚洲孩子的运算能力及完成作业的认真程度的确是比美国孩子强；但是到了研究所以上，例如在实验室里，亚洲孩子在大胆探索及开创性的想法上就弱了许多。

这也是台湾地区教改不断被提起的部分，台湾地区教育讲求一致化与单一性的答案，数学题目的答案通常只有一个，英文考卷则老是充满一大堆的填空题。这些制式的答案让学生被训练成为填答的机器一样，他们已失去思考跳出制式化答案的能力，且现行的教育体制也没有时间训练学生思考。

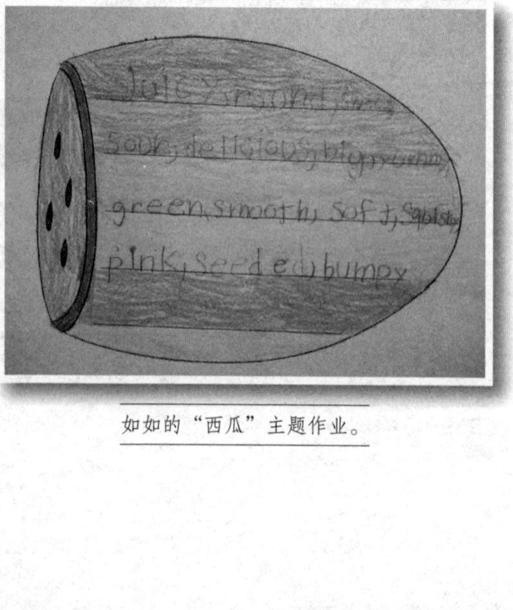

如如的"西瓜"主题作业。

在美国期间，由于我们每

天都必须协助孩子做功课，因此让我有机会与孩子共同细看每一个题目。事实上女儿们的数学作业里最让我们头痛的反而就是这些所谓“开放性思考”的题目了。因为以我们从小的数学训练背景，许多的计算都是直觉式的，根本不需思考为什么，看到题目就能马上计算，而且又快又好。但是如果问我“为什么”时，反而难倒我了。

美国则是在学生的练习题目里除了演练的计算题之外，几乎都会包含几题让学生自己解释“为什么”的题目。差别就在于，听得懂与自己思索过后再有逻辑性的说明，两者对于知识的了解程度是有所差距的。如果学生能够清楚说明出来原因，就代表这个概念他真的懂了。记得以前学生时代时，老师常会鼓励同学之间互相教导，因为在教同学功课时，你可以通过一遍又一遍地解释概念与题目的过程，让自己的概念也能更加清晰化。当你可以正确的讲解出来时，就代表这个知识是自己的了。

美国小学数学练习卷里还有另一种题型我也很欣赏，就是学完一个概念时，会请你自行设计一个题目后再进行解题。例如：

请你写出一个有关于二十六减七的减法题目，并且计算出答案。

如如学校的数学练习卷。

小二的练习题还未进阶到解释为什么的题目，因此每个章节后都会有一题让学生自己出题目的练习，而小三则是两种题型皆有。

如如自己想的题目如下：

Jack has 26 apples. He gave his sister 7 apples. How many apples does he have？

（杰克有二十六个苹果，他给了妹妹七个苹果之后，他还有几个？）

看到小小年纪且常无法很清楚叙述一件事的她，却能写出这样简洁明了的题目，我的确是蛮惊讶的。这样训练学生思考的方式或许的确有它的功效存在。

不过台湾地区的这种教学模式有时不尽是老师的关系。由于中小学的老师常是处于赶课的状况，没有充裕的时间来引导学生思考或进行活泼式教学。记得我曾经问过几位小学老师，上课时会掺杂使用游戏的方式来进行吗？他们的回答是："偶尔而已，平时赶课都来不及了，哪还有时间进行游戏？"

到底是因为台湾的课程塞入太多的内容，还是老师的教学方式缺乏引导学生思考的元素，抑或是课本与练习卷的设计僵化了孩子的学习？我想这些都是值得我们思考的地方。

其实，世界上没有完美的教育模式，一位教授教育学程的教授就曾经提及，美国强调多元化学习的方式，有时容易造成学生抓不到重点。例如亘亘小三的数学常用一大堆东西来形容一个简单的概念，原本很直接的概念却绕了一大圈，有时反而会迷失焦点；又如一个问题通常有许多的答案，好处是训练多元思考，但孩子有时反而会因为有太多的选择而感到迷惑，甚至有时候会模糊掉主要欲教导的概念。

因此要如何兼顾发展学生的思考能力并能有效地吸收学习内容，依然是台湾教育需努力的方向。

没有填空题的英语课

根据林肯小学二〇一〇年的年度报告显示，三年级各学科每天需要上课的时间长度为：数学六十分钟，自然二十五分钟，社会三十分钟，英语课（English/Language Arts）一百六十五分钟。

这里二、三年级的英语课皆是通过活动与不同的方式来学习，学生并没有所谓的一本英语课本或是文法书，更不会有类似填空题或者背诵课文之类的作业出现。

两个年级英语课程的共同点为：皆包含阅读、读后心得、背单字、单字释义、每日文法练习。

不同的是，低年级的课本讲义仍保有大量的图画内容，并且多以趣味的方式进行，这样除了可以保持孩子学习的乐趣并且能帮助他们集中注意力。因此汶特斯太太除了基础的长短元音练习之外，还会运用以圣诞节、感恩节等为主题的填字游戏（Crossword puzzle）或字词搜寻游戏（word search

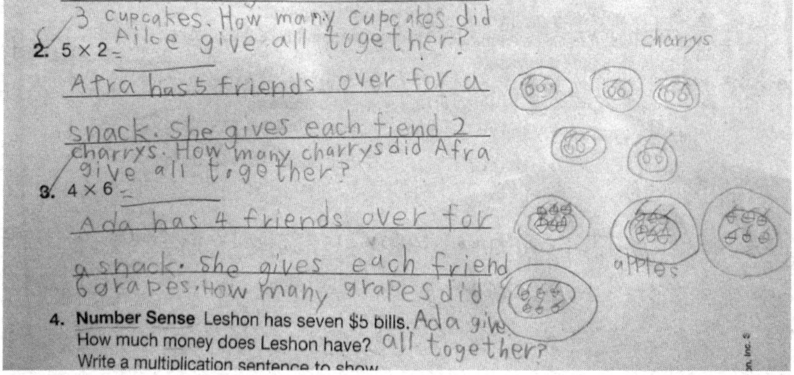

亘亘自己设计的乘法题。

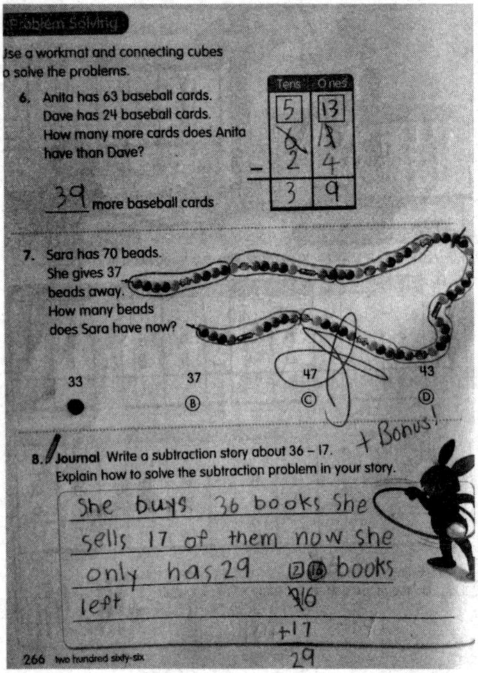

如如想出的数学题目。

puzzle）来让她们认识生字。也会运用看图说故事的方式来让孩子练习写简单的造句，其中最令我欣赏的方式是让学生“自制小书”。每一页必须包含图案与句子，通过这样的方式来激发孩子的想象力，让孩子一笔一画刻出自己脑中想象的世界，并搭配一两句简单的句子，非常适合还属于图像式学习的低年级孩子，这也是一种奠定未来写作能力的训练方式。

如之前提过的，教到西瓜主题时，老师请大家吃西瓜；教到感恩节的南瓜派时，老师也请大家吃南瓜派等等。**这样的教学方式让孩子不只有在视觉及听觉上的学习，也加入了味觉、触觉与嗅觉，想必是印象深刻**（不过基本上，我们家如如只对“味觉”有记忆，其余一概不知道了）。

而小三的作业，除了单字范围的加深加广之外，三年级的孩子也必须开始练习正规的造句，学习更深的文法，还有了解同义词与押韵词等，并且练习短篇文章的阅读测验。汉柔小姐同时运用了有声书及诗词欣赏来增加学生的字汇量。当然，对于在这里是个“外国人”的亘亘来说，那些英文诗简直就像是天书一样难懂，所以我鼓励她就单纯欣赏它的押韵吧！

由于三年级要背的单字较难，因此平时老师也会在课堂上用玩游戏的方式来帮助学生背诵。例如以文字接龙，全班分成两队，每一队的队员依序说出字母，最后拼凑成一个单字，拼字正确的队伍即得分。通常透过这些游戏之后，学生对于单字的发音及拼字已完成了九成。

由于英语字母的结构不同于中文，美国小学课程中设计了不少的活动与作业都是与字母有关的，亘亘下学期就有一项作业是每人要制作一本“字母书”。汉柔小姐请每个人挑选一个主题来制作自己的字母书，而亘亘的主题理所当然就是“台湾”啰！所谓的字母书其实就是从主题中挑出以A——Z开头的事物来作叙述。例如：“T是指Taiwan，台湾是我的故乡，也是一个宝岛。”

如如的阅读心得。老师引导孩子从开始到结局，将阅读心得分为三个阶段让孩子叙述大意。

亘亘和我对于这个作业深感兴趣，因此开始了连续数周的准备。我帮她上网找图片，而她负责想欲叙述的事物与中英文句子。经过我们反复讨论与修改了许久，最后决定同时呈现中文与英文，相信这将会是她这本书最与众不同之处。

亘亘运用回收杂志上七彩的图案剪出大大的字母，旁边再搭配上彩色图片及中英文句子，完成了这本精美的字母书。这本书的内容也代表着她对台湾浓浓的思念。当学期末学校二年级学生到她的班上参观时，老师拿出她与另一位同学的字母书当模板，让她感到又骄傲又高兴。

十分富有特色的作业

美国由于地大物博，因此学校所选用的自然与社会课本，其中会有部分章节是介绍学校所在州别的特色人文地理，例如林肯小学的自然课本里会介绍伊利诺伊州中特殊的动植物及气候与地形，让学生对于所居住的地方有更深一层的认识。

其中让我印象最深刻的则是地理的部分。相信买过世界地图的人就知道，不同国家和地区版本的地图，所呈现出来的中心位置会有所不同。以台湾地区为中心点的地图深印我们的脑海，并且认为天经地义。直到开始世界各地游走时，才发现，原来地图的画法不同也会影响你看世界的角度！

<u>Please know how to read these words and know their meanings for the test</u>

1. creative—having original ideas (adjective)
2. intently—with great concentration (adverb)
3. composition—the putting together of parts to form a whole (noun)
4. bulging—curving outward in appearance (adjective)
5. submissions—things turned in for consideration (noun)
6. displayed—put on view (verb)

亘亘的作业，要认识这些字的意思，并造句。

每个国家和地区通常都会以自己为中心点，向外画圈来看世界。事实上各国和地区的历史文化皆与其地理位置有所关联，其语言、习惯、风俗民情，甚至政治、交通、饮食与法令都深受其影响。

通过亘亘在这里上的地理课，让我们有机会以美国的角度来看世界。汉柔小姐从美洲大陆介绍起，让孩子了解整个美洲大陆除了美国之外，还包含了加拿大与墨西哥等国家。接着开始介绍美国的邻居墨西哥（Mexico），然后介绍了海地（Haiti）、智利（Chile）及伊拉克（Iraq）等在台湾的课程里很少深入介绍的国家，也是我们较不熟悉的。

相对地，美国人则对亚洲国家和地区不是这么熟悉。最令我难过的是，来到这里才发现台湾原来不如我想象中的“有名”。当然，由于美国地大，有不少人终其一生只到过自己居住地邻近的几个州而已。连女儿班上的同学，也没有几个去过距离这里只有四小时车程的芝加哥，更甭论千里外的台湾了！但是，不管如何，也让我们感受到台湾地区的国际知名度的确仍有待努力的空间。

而在亘亘的社会科作业里面，我最欣赏的是“我在哪里？（Where am I？）”的作业。

汉柔小姐让学生做了一本渐层式的小书，里面设计了一些空格让学生填写相关信息。首先是介绍林肯小学的所在地马科姆，它位于格拉斯堡的西南方，且位于斯普林菲尔德的西北方。翻开下一层则是介绍马科姆位于麦克多诺郡的相关信息，下方则画有一个马科姆在郡中的位置图。再翻开下一层则是进阶到“州”的概念，介绍马科姆在伊利诺伊州的相关位置与信息，当然也有地图在下方。持续翻开则依序进阶到马科姆与“美国”的关系、马科姆与“北美洲”的关系，最后则是出现一个大地球，显示在全球上的地理位置。

这种渐进式的方式让孩子从小范围一直了解到大范围，并且体认到自己

也是地球中的一分子。经由制作此课程的方式来引导孩子看到全世界，将目光提升到全球而不仅局限这个小地方，我觉得是个很棒的方式。

但对于我们家亘亘而言，她只忙着找寻地球上是否有将台湾画出来！

亘亘有一次课程的主题是总统。在那个星期中亘亘了解了总统的工作内容，并且对于议会、司法部与立法部等有了初步的概念。同时通过白宫的纸上导览作业，揭开白宫神秘的面纱，了解奥巴马总统都在哪里办公，感觉上像到了白宫一趟。汉柔老师并要求每位学生选择一位总统来报道，报道中必须包含这位总统的生平及特殊事迹。

亘亘选到的是哈里·杜鲁门（Harry S. Truman），这位第三十三届的总统对于女儿们而言很陌生，还好网络包罗万象，教女儿如何使用计算机查询之后，她轻松就可以完成作业。透过这个作业，学生对于美国历任的总统有了初步的认识，至少对于自己负责报道的那一位很熟悉，这样的方式比用课本讲述并要求学生背诵看来有趣多了。不过，我问过美国友人，中学以上的学生仍是需要背诵这些事迹并进行考试的。

如如的老师汶特斯太太则是设计了一些寓教于乐的作业与活动，例如有一次派了一项作业，请学生选择一样非濒临绝种的动物，并且须运用资源回收的材料做出它的栖息地，包含食物与住所。如如选的是海豚（dolphin），她跟我要了一块蓝色的新抹布之后，就和姐姐到外头草皮上捡小石子及拔一些草当海草，两姐妹开心地一边剪剪贴贴一边讨论，最后完成了作品。

老爸原先想要协助她做个"精致化"的作品，但看了她们的完成品之后，深深感到小孩子的创意无穷，大人应该多多放手让孩子自行去探索及创作。汶特斯太太还很用心地让每个小朋友在课堂上使用计算机找寻自己负责的动物图片，并且搭配每人介绍动物习性的录音，制作成动画DVD，一人一片。这对于如如而言真是最好的纪念了，因为她可以借由DVD听到每个同学的

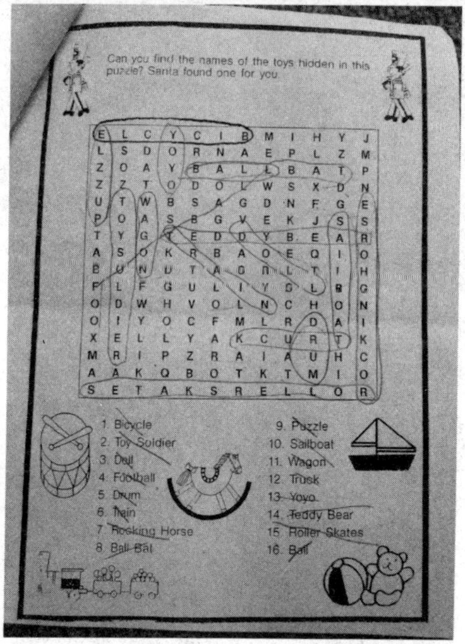

汶特斯太太上语文课时常运用填字游戏与字词搜寻游戏。

声音。

圣诞节前，汶特斯太太安排了一项与圣诞节主题相关的手工艺活动。她在每组小朋友的桌上放了不同主题的劳作材料，例如有一组是利用各种形状的泡棉贴纸在姜饼人笔记本上做出装饰，另一组则是以色纸剪贴出一个雪人纸袋，还有一组需将一些圣诞节相关的木头坠饰串成一条项链等等，学生们则是轮流到各组制作。

除此之外，汶特斯太太还设计了一叠与圣诞节相关的填答游戏让学生在等待换组时可以写。我好奇地拿起如如的填答本仔细翻阅，发现这些游戏竟然都是依照她们最近教的单字与数学概念所设计的！内心不禁佩服起老师的细心与用心，**让孩子们能一边愉快地做劳作一边不着痕迹地将教学内容融入，这比单单坐在教室里填写答案要有趣多了。**

而在学年快结束时，汶特斯太太让每位学生做了一本小书《My Memory Book》，里面主要为孩子在林肯小学这一年的回忆。第一页是请你写出学校里所有教导过你的老师，并写出有哪些老师平时常协助你；第二页则是写出你最

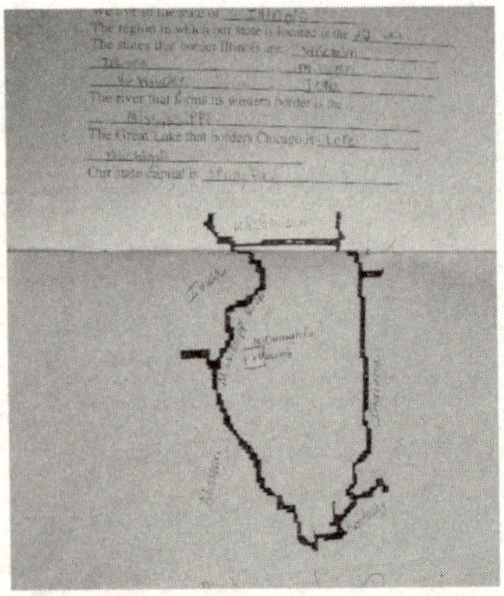

where am I ?

亘亘和爸爸运用资源回收材料做的作品——101大楼。

喜欢的学校课程、活动、户外教学等；第三页则是由汶特斯太太在每本小书中写一段话给孩子（这是我最欣赏的部分）；第四页是写出这一年当中印象最深刻的事情；最后一页则是让全班同学在这一页上签名。

多有意义的一本小书啊！我相信每位学生结束这一学年后，升上更高的年级，即使有不同的老师及不同的同学（美国一般而言在小学阶段时，每个年级都会重新编班一次，因此老师与同学都会不同），每当他们翻阅这本小书时都会想起这美好的一年。至少，对于我们而言是的。

台湾孩子的作业常是家长的烦恼点，不是孩子拖拖拉拉地写到很晚，就是家长一边教一边骂，感叹为什么自己的小孩这么钝？这两种情况在我家都发生过。

当父母的常常会把自己的孩子当神童教，认为这么简单的东西怎么都不会？却没发现我们不自觉地拿大人的程度在与小孩比较，忘了我们现在所懂的也是慢慢累积而来的，更忘了年纪小的孩子许多的概念及空间感、逻辑思

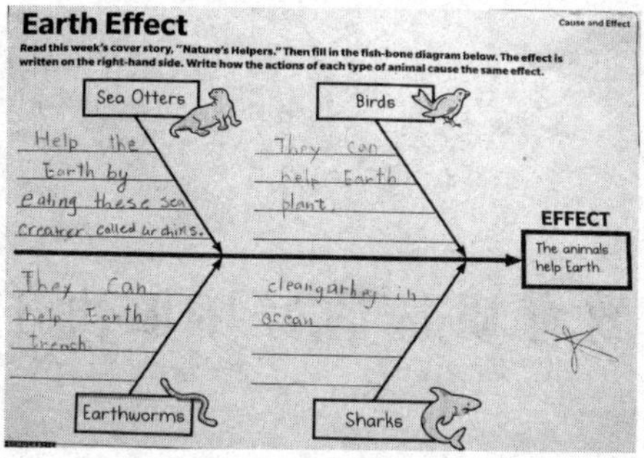

亘亘的自然作业。

考等能力都是随着年纪慢慢发展起来的。

教孩子真的需要更多的耐心与体谅。这也是在教养孩子的过程当中，我们时常在提醒自己的。

美国的小学作业最令人称道的除了分量较少之外，还有其活泼开放式的作业形态。目前台湾地区近几年也开始提倡一些独立式研究报告及多元化类型的作业，立意虽良好，不少家长却会觉得麻烦，因为这些作业很多都必须仰赖家长协助完成。

换个角度想，我们这一代的父母就是从僵化的教育体制成长过来的，在我们的学习过程中从来没有所谓的“亲子作业”存在，我们是否仍然存在着“将孩子所有的作业交给老师教就好，最好放学后不要拿作业来烦我”的心态？在谴责学校与老师给予太多制式化作业，及羡慕美国开放多元的教育体制之前，是否也需要思索一下，我们这些当家长的心态改变了吗？我们愿意像美国的家长这样花时间参与孩子的教育，和孩子共同学习与成长吗？如果答案是肯定的话，我想目前正在尝试进行探索式或创意式课程的台湾地区老师们，也将会更有信心及持续的动力继续为改变台湾教育，让孩子脸上多点笑容而努力！

教育质量的好坏取决于老师

不管是什么样的教育体制，在学校里，真正实施教学及每天与孩子相处的人，是老师。老师的能力、爱心与耐心决定了孩子所接受到的教育质量高低与否。

基于老师是教育的第一现场工作者，对于学生的价值观与品格之影响力仅次于父母的立场而言，老师的确对于自己肩上所赋予的责任与道德标准应有所自觉。加上时代在改变，教育体制在改变，在我们希望家长的观念跟着改变的同时，老师也该审视自己的观念是否有跟着改变。

教育是一个国家竞争力的根本，也是培育国民品格及道德标准的养育教化过程。这一点是永远不会改变的。与其去抨击它，倒不如去了解它然后改善它，毕竟大家的终极目标都是希望自己的孩子好，希望我们的教育体制能

学生自行装饰的姜饼人笔记本。

如如的自然课作业——海豚。

“My Memory Book”里，汶特斯太太写给如如的话。

更加完善，不是吗?

在整个教育体制当中，以老师影响学生的程度最甚。学生的年纪越小，此影响力越显重要。孩子幼小时，是非与道德标准的判断多半来自于父母，父母是孩子建立自信心与自尊心的第一道标准线。当孩子进入学制之后，老师则成为第二道标准线，一个老师如果教导不当，很容易就能催毁一个孩子的尊严与信心。

小学阶段，多数孩子还需依赖父母与老师的引导，并根据他们的反应来揣摩自身行为的得当与否。

随着年纪的增长，你会发现，当一个孩子对自己有自信及有能力判断是非时，老师的影响力就不会这么大了，尤其到了高中以上，孩子的心智与判断力皆已较成熟，此时老师则多居于引导与辅导的角色。

在求学阶段里，小学老师尤其扮演重要的角色。因为此阶段整个班级的教学几乎都仰赖老师，不同于高中的分科教学，小学老师几乎是“全包式”与班上的孩子共同生活着。一个老师的能力及性格很容易左右这群年纪幼小的孩子，更重要的是，教学的质量也掌握在老师的手上。由于小学阶段的老师如此的重要，因此台湾地区的小学一般的做法都是两年分一次班，而美国一般为一年，此方法则是避免遇到不适合的老师，长期下来影响孩子的心志与学习。

老师的影响性中外皆然，亘亘和如如在美国就遇到了两个性格截然不同的老师。

ABC's for Parents

Take time to listen to your child.
花时间倾听。

亘亘的老师汉柔小姐是个今年才教第二年的生手教师，年轻未婚，喜欢和学生开玩笑。而如如的老师汶特斯太太今年则是第三年教书，之前在学校教导西班牙语系孩子学习英文有一段时间，年纪较长，已育有一子。

刚开学时，两位老师面对家长时都是笑口常开的，并且对于我们这两个外国孩子充满了包容与耐心，让乍到陌生环境中的女儿们着实放心不少，老师也成为她们在学校时很重要的仰赖对象。但是随着时间的拉长，我们渐渐看见两位老师的不同。

在英文学习方面，或许因为汶特斯太太有辅导外语孩子的经验，因此对于如如有许多协助，细心安排会说中文的澄澄坐旁边协助她；刚开始没有给予功课，只让她先参与班上活动；提供许多适合她看的小书，从单字、连续词、重复句型一直到短篇文章，渐进式每周不间断地提供这些书让她阅读；当班上进行文法练习与拼字练习时，她会特别帮如如准备较基础的版本等等，因此如如在班上很快就适应了，她的学习是愉快、渐进式的前进。

反观汉柔老师，我很感谢她每天让亘亘使用计算机的英语学习网站学习，也有花时间陪她背一些基础单字，但在许多需要细心协助的方面因为经验的不足却让女儿吃了不少苦头。例如，一开始就派给亘亘与同班同学相同的功课，每天我和女儿一同奋战好几个小时才完成，完成时我已筋疲力尽，而女儿也泄气不已，因为这些英文对她而言真的太难了。

这一年当中类似的例子不胜枚举。一个老师即使经验不足，但如果有足够的耐心与爱心，就比较能照料到孩子的感受，此热诚对于中低年级的孩子尤其需要，对于弱势的孩子则更为需要。当然，这并不容易，因此以老师的

汶特斯太太征求家长自愿到班上分享，这天阿嘉分享的是如如的故乡——台湾。

立场来说“教师是一种良心的职业”，如果以家长的立场来说，则是“良师难觅”啊！

而一个老师班级经营的能力，从走进她的班上就能感受出来。

记得刚开学时，亘亘的外套与书包回家时老是脏兮兮的，我问她原因时，她无奈地说：“老师有准备柜子让大家放书包，大家都是随便丢进去就算了，所以常会有书包和外套散落在地上，大家就会踩来踩去的。”由于美国教室的设计与台湾地区不同，我很难想象其情况，直到有一天我和阿嘉分别到女儿们的班上参加 party 时，我们才亲眼所见两个老师班级管理能力之差距。

一走进亘亘的教室，由于汉柔小姐永远只打开三分之二的灯，所以教室长期呈现昏昏暗暗的状态（我实在不知道这样做有何道理）。汉柔小姐让一位家长主持整场的 party，这位家长严肃地带了两个无趣的活动之后就结束了，接着学生们都很无聊地坐在座位上安静地吃着东西，而汉柔小姐自己则坐在座位上打计算机，一切都不管。我不知道其他的家长感受如何，至少我站在旁边的感觉是挺尴尬的。

反观如如的教室，明亮又井然有序。汶特斯太太用心地设计了许多的游戏带领着全班玩，孩子玩得开心，但整个活动的进行仍是有条不紊的。

我忍不住比较了两个班级放书包的置物柜。我心想：连家长会来的日子

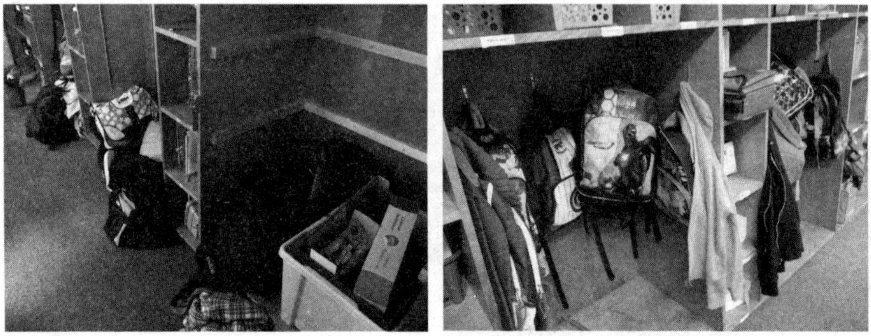

亘亘的教室内书包随意堆放、外套散落地上（左），如如教室内物品整齐有序（右）。

都是这个样子了，平时不知有多脏乱（没有入镜的还有几件外套掉在地上让大家踩）。果然，不久之后，亘亘带回来一张通知单，是通知家长她们班上发现了头虱！这种在我小时候才会出现的问题，竟然在“先进”的美国遇到了！原因我和先生都心知肚明，但为了不影响孩子对于老师的观感，我们尽量不在孩子面前批评老师，这一点是很重要的。但我们会和孩子分析事情发生的原因及是非对错，让孩子有正确的判断力而不是人云亦云。

班级经营的能力是需要经验累积的，谁都不敢说一开始当老师时就能做得很好，即使是经验丰富的老师，也会随着班级特性的不同每年调整他的经营方式。因此，在这方面我们不会对于汉柔小姐有过多的苛责，毕竟经验是需要累积的。

这一年当中，从汉柔小姐教学的紊乱及无计划性中，足以了解她是个还需要学习与磨炼的老师，关于这一点我们给予包容，因为身为同行，我们了解个中辛苦与经历。并且从她设计的部分课程来看，她也有用心之处，只是还需要时间的磨炼。我们在意的是她的处事态度与责任感，这并不是一句“没经验”就可以带过的。一个班级的风气很容易受到导师的人格特质、价值观的影响，随着时间的推进，我们逐渐感受到亘亘班上的氛围在转变。

班上孩子变得散漫无纪律，阅读时间躺的躺、睡的睡，上课时间观看电影DVD的频率也相当高，这样的情况着实让我及其他的家长担心了好一阵子。我们也终于了解当初邻居孩子在公布班级名单时马上换班级的原因了。

早期的台湾，父母选老师，老师挑学生；造成强者恒强，弱者恒弱的局面。

近几年已尽可能改善此现象，做到公平随机编班，我认为这是一种进步。在美国与中国大陆，至今都还可以“选老师”，只是美国多半是因孩子有特殊需求或者想避开不适任教师，中国大陆则较像早期的台湾地区，挑的是“明星”老师，希望对孩子未来升学有帮助。

汶特斯老师当选多次的每月最佳教师，这是由家长所票选出来的，实至名归。

不论中外，不论是否是名校，再怎么完善的教育体制里都会有优秀与经验不足的教师，就如同公司里会有老练通达与生手生脚的职员一样，父母不可能“护卫”孩子一路都能够遇到能力好又有爱心的老师。**最重要的是父母如何培养孩子坚强的意志及充分的自信心，当他能够辨别是非，判断事情的合理性时，受到外在环境的影响就不会太大。**当然，这需要时间，也需要父母不断引导。或许在这一年里女儿受了许多的挫折，也面临了不少挑战，但不可讳言，也是一种锻炼与历练。我们可以从女儿身上看到这一年来她成长了不少，也变成熟了！

小学一天中的大事——吃饭

美国的中小学也是提供营养午餐的，有些学校还提供早餐，像林肯小学就是一例。通常在校车抵达之后学生就可以自行到餐厅付费吃早餐。但午餐时间所有的学生都必须到餐厅用餐，可选择吃学校的餐点，也可自行选择是否准备午餐盒。一天两餐约三美元（早餐一．一美元，午餐一．儿美元），在美国已是很经济实惠的价钱了。

这里早午餐的付费方式也是很自由的，可以选择一学期、每月、每周或每天缴交。学校餐厅里有一个专门让学生放午餐钱的小篮子，学生会事先将钱装在信封里再放入篮子中。学校完全采用信任制，不需有一位职员在那里点交午餐费，即使事后点交发现有缺，再通知家长补交即可。这种方式虽在程序上会较麻烦，但却能顾及到学生的面子，也能避免万一学生带不足额时，到底要不要提供餐点给学生等尴尬状况，我挺欣赏的。

因此记得刚开学前一个月，我几乎每天都问孩子们吃些什么，她们从很兴奋的语气说：“今天是比萨！”“今天吃热狗！”一直到后来演变成：“今天又是比萨了！”“学校的汉堡好难吃！”看来孩子们爱吃的汉堡与比萨等西式食物，天天吃也是会腻的。姐妹俩的东方胃逐渐战胜了对西方食物的新鲜感！

关于这点亘亘的解读是，因为学校的餐点太难吃了！平时我家老大的胃口很符合我们台语所说的“好翠道”，所以连她都嫌难吃了，一定有其道理。“学校的比萨通常都只有西红柿酱与一层奶酪而已，很难吃！”亘亘皱着鼻子说。“连一点肉屑都没有？”我不相信地追问。“没有！”如如也摇头接着说，“汉堡里也只有夹一片肉或只有奶酪而已，什么都没有！”

这让我想起几年前在詹姆斯的学校吃午餐的情景，有一天的午餐就是马铃薯泥及一碗奶油豌豆而已。记得当我面对眼前这一大盘如山高的马铃薯泥不知如何下手时，对面一位身高超过二百公分的男老师毫不犹豫地将那碗豌豆倒在马铃薯泥山上，搅一搅后，没两三口就盘底朝天了，其功力令我着实佩服。而旁边一位身材玲珑有致的女老师则是一边吃着她的优格午餐，一边对我说：“想想看，吃下这一盘有几千的卡路里……”而我只能苦笑地回应：“谢谢你告诉我。”之后就开始与我的马铃薯泥山奋战。

基于这些美国学校午餐的回忆，让我对于女儿们每天在学校的餐点是更加好奇了！

学校在开学时就发通知单表明欢迎家长到校与孩子共进午餐。与其问孩子在校的用餐情形，倒不如自己去亲身体验，因此我找了一天与亘亘的班上共进午餐。

美国的学校通常不在教室内用餐，校内会有一个餐厅或用餐区供学生用餐。

但由于场地无法容纳全校的学生，因此用餐时间常是错开的。以林肯小学为例，二年级的如如是十二点到餐厅用餐，二年级的亘亘则是十二点四十分。詹姆斯的中学则是用课程来错开，例如早上最后一堂上历史课的学生比上计算机课的学生早用餐。

为了确实掌握用学校餐点的学生数量，林肯小学每天早上各班都会调查每位学生当天的选择，例如 hot lunch（指学校的餐点）或 cold lunch（指的是从家里带来的午餐盒或学校的三明治），老师每早统计完后送到厨房。

当我抵达亘亘班上时大约十二点十五分，各班的老师都不在班上，已经去吃午餐了，这时是由学校的助理老师（Program Assistant）在看顾学生，并负责指挥孩子们排队去吃饭，看顾学生全程用餐直到老师来餐厅领回学生

学生统一在餐厅用餐，并由助理老师看顾。

学生排队选用餐点。

当日午餐内容，应该还有小餐包，我忘了夹。

进行下一堂课程。

这一点倒是颇令我羡慕的，台湾地区的老师较像是“保姆”的角色，即使在中午一般公务人员的休息时间，我们仍必须留在教室内安排孩子们打菜盛汤，用完餐后还要督促学生轮班抬餐桶回厨房。接着马上是扫地时间，除了需要全程督导之外，还要催赶学生不要拖延到午睡时间。紧接着则必须让学生们静下来进入午睡休息，这时老师在哪里呢？当然是在班上陪着孩子睡午觉啊！这期间还不包含老师一边扒着饭一边处理一些班级学生事务，台湾老师的午餐时间可过得一点都不轻松啊！

餐厅前的一个小房间是领取餐点的地方，后半部则是排了许多长形大桌的用餐区。与台湾不同的是，台湾的学校都是由厨工妈妈将每班的餐点搬到教室门口，学生用完餐之后需轮班自行送回厨房，这里则是大家集中来此领取餐点。所以我和阿嘉有时会开玩笑说：“台湾的服务比较好哦！”

这里用餐的程序是这样的：学生排成一直列，先选牛奶（每餐必备饮料）或果汁，接着拿厨工已盛好放在桌上的一份份餐点之后，就直接进入餐厅，这时会通过两台色拉吧，里面有一些色拉与水果块（较常出现的是罐头

水果），夹取之后即到班上的桌子用餐。取餐区也会提供冷的三明治（通常是奶酪和火腿两种选择），如果你不想吃今天的餐点也可以选用。领取餐点时感觉整套步骤进行得相当快，排队、拿牛奶、领餐点、夹色拉，可谓一气呵成。

我看了一下学生使用的餐具，这里使用大量的保丽龙餐盘，可以想见每天丢到垃圾桶的量有多惊人。台湾要求学生自备餐具，虽然麻烦，但至少兼顾了环保与卫生，小小的麻烦可以减少不少垃圾的产量。

从领餐区进入用餐区的地方，会有两位女士坐在计算机前面，每天检查记录用餐的学生姓名。亘亘说那两位女士从一开始看到她们的名字，ㄩ……ㄩ……ㄩ半天还说不出她们的中文名字，到后来远远看到姐妹俩的脸就直接在簿子上打勾了，看来在这里长得一副与众不同的脸也是有好处的。

我与女儿班上坐在一起，低头仔细看了一下菜色，我的天啊！发育中年龄的孩子一顿饭就吃这些？午餐内容只有奶油豌豆（冷冻包煮的），三小片像麦克鸡块大小的炸鱼块，一个小餐包外加一小瓶牛奶或果汁！即使有色拉吧，事实上吧上的菜色只有三四样，而且也剩下不多，大部分的孩子都是看了一看就走过去了。

这样的分量，我小心翼翼地小口小口地吃着，以免像饿狼似的一口就吞掉了。我不禁低声地问女儿："你们平常就吃这样？"亘亘点点头。"这样吃得饱吗？"我实在很怀疑。亘亘耸耸肩说："今天算是不错的了！有时只是一块面包，上面淋一点白白的酱汁而已。"

惊讶之余，我带着半饱的肚子观察亘亘班上学生的用餐情形。她们班上几乎三分之一的孩子都是自己带午餐盒来吃，看到学校这种菜色，我想不难理解，连我都想帮她们带午餐盒了。再低头看了一下女儿今天选的三明治，我的天啊！两片土司里面只有夹着三片起司，连酱料都没有！

难怪如如常说她根本不想吃午餐，也难怪她们每次放学回家后就直呼饿

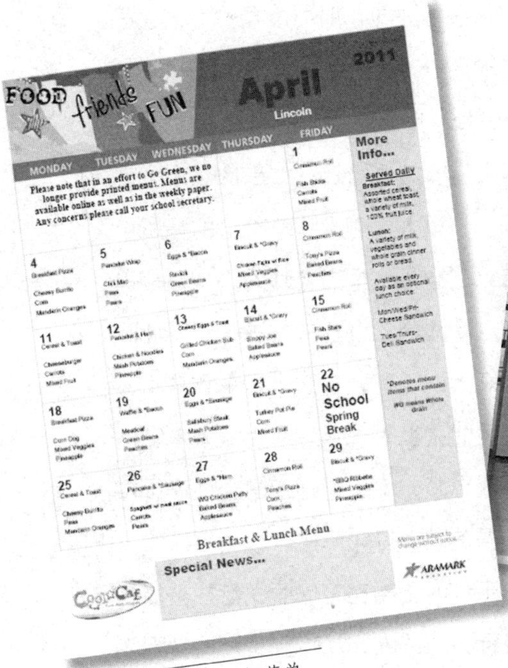

学校的营养午餐菜单。

餐桌椅可以合并到墙上去的设计很方便。好设计！

死了，连忙在家翻箱倒柜找吃的。我实在不相信发育中的孩子吃这样的午餐会饱且营养会好？这样的午餐竟然还要将近台币六十元？相较之下，台湾的营养午餐真是太赞了，一肉两菜一汤再外加水果，菜色多又营养，价钱也便宜！女儿们来美国之后，倒是怀念起台湾的营养午餐了！

事实上，平心而论，如将学校营养午餐的价位与一般在外用餐的价位相比，台湾营养午餐价位大约为一般六十元台币便当的五分之三，美国在外用餐平均为六至七美元，小学营养午餐的价位则只有约它的五分之一至五分之二，因此这样的菜色的确可以推想而知。近年来美国财政困难，在这方面的改善有限，加上许多家长面临经济上的困境，不得不倚赖学校的供餐。

不过即使午餐的分量少其来有因，我倒也没看到学生狼吞虎咽地将它吃完。反倒是大多数的孩子似乎对于午餐内容兴趣缺缺，那边拨弄一下，这边咬一小口的，像我这样全部吃得精光的“乖孩子”还真是少啊！

午餐是由助理老师负责看管所有的学生，七个班约有四位老师共同管理。她们管得挺严的，学生讲话太大声她们就会关灯警告，如果次数太多就取消下午的下课时间。但是孩子就是孩子，吃饭大家聊天嘻嘻哈哈的在所难免，所以整顿饭下来就不断地被大声警告。这让我这个当老师的妈坐在那里感到挺不自在的，好久没尝到这种像被当成幼儿园儿童管教的滋味了。此时我低头瞥见后头班级的桌子坐了一位身材高大的爸爸，想必也是来和孩子一同用餐的，看他一派怡然自得低头吃着自己的午餐时，我想我也该入乡随俗才是。在台湾的学校里，除非学生嬉闹得很夸张，不然老师通常会让学生在吃饭时间放松一下。这一点上，我倒是觉得美国管得较严格。

午餐时间一结束，学生纷纷将还剩下不少的食物连着保丽龙盘往垃圾桶一丢，就跑去排队了，倒霉如我坐在垃圾桶旁边的人，就喷到了一些“附赠品”在身上。此时各班的老师按时出现在餐厅里，将学生排好队伍带回班上。学生还在排队时，学校的清洁工就开始快速地擦桌子打扫，并把桌椅合并到墙上去，因为下午第一节会有班级需用到这个场地。由于学校体育馆不敷使用，因此也会在餐厅上体育课，这里等于是个多功能的场地，设计的理念挺好的。

当天回家的路上，我心中一直在想，学校餐点之差实在令人难以想象，从今天开始我一定不会耳提面命女儿一定要将午餐吃完，并且要记得多准备一些下午点心给她们吃，晚餐要煮得更丰富一点……

美国教育二三事

观察美国教育里，有许多有趣的事情，也有值得我们深省的做法。来看看有哪些有趣的事情呢?

“严阵以待”的 ISAT 考试

小学三年级的学生需举行 ISAT 测试，因此几个星期以前老师就不断地通知大家注意事项，例如要吃早餐，当天不要迟到（迟到就不能参加考试，还要补考），不要缺席，其他年级学生要安静等等。从其慎重的程度可以看出此考试的重要性非比寻常。

ISAT （The Illinois State Achievement Test）是一种用来了解每个学生的学习成果是否符合伊利诺伊州学习标准（Illinois Learning Standards）的考试。每个州都会有一个类似的测验，主要是希望透过此测验结果让学校、老师及家长了解学生的学习结果及各学校的表现。测验结果的成绩单会在下个学期才交到学生手上，每位学生的成绩单上只会看到自己的成绩、自己位于整个县市及州的位置，例如你的成绩在整个州的前百分之十之类的。而老师则会拿到这门课所有学生的 ISAT，借以了解学生的优缺点，再据此施教。

而学校呢?每年都很注重此测验结果，因为家长会很重视各学校的表现，学校的办学能力如何，就看学校教出来的学生表现如何。所以学校都必须将测验结果的统计数字公开，甚至有些大城市还会在报上刊登该市各学校之表现，因此学校必有一定的压力。另一个重要的原因还有，此法案规定各校一定要有一定比例的学生通过测验，且比率逐年提高，没有达到的学校必须接受惩处与监督，最终期望能在二〇一四年达到所有学生都能通过的目标。另外，各校都必须根据当年学生的测验结果做一份学校改进计划（Planned Improvement for the School），并据此向政府申请经费，因此这也是为什么学校与老师如此严阵以待的原因了。

亘亘班上 ISAT 的数学模拟试题。

这个测验的主要目的是为了符合小布什总统在二〇〇二年所通过的“不放弃任何孩子”法案（ No Child Left Behind Act），希望学生表现较差的学校能够加以改善，并且努力将所有的孩子拉到符合水平。

测试的项目共有阅读（Reading）、数学（Math）、科学（Science）及写作（Writing）四种。前两者实施测验的对象为三至八年级学生，科学则是四和七年级，写作则为三、五、六、八、十一年级。

事实上这样的测试与台湾高中每年要挂红布条在校门口载明升学率有异曲同工之妙，皆有代表着各校办学能力评比的作用。但不同的是台湾是将此成绩用来升学，学生必须依照此成绩来入学，而美国则是不评比学生的个别成绩，转为评比学校，并且督促学校必须照顾到不同程度的孩子，让每个孩子至少都能达到学习标准的程度。同样都是大型考试，仔细算算美国孩子考的次数还比台湾孩子多，只不过因为目的不同所以有压力的对象不同吧！

亘亘因为就读三年级，所以从一入学开始，汉柔小姐就提醒家长这个

亘亘画的蝴蝶。

大考，并且在施测以前（三月初施测）准备了不少的“模拟试题”让学生练习，在英文部分也加强了许多困难的字汇让学生熟悉。考试前一周，学生还每天轮流到不同的数学老师班上上课复习，学校更谨慎地举办了一次“模拟考”呢！所以你瞧，美国也有整本的“模拟试题”，也有模拟考呢！而且还是从小三就开始了！只不过不同的是，大考之前，老师发了一张通知单给家长，内容大意如下：请考前让孩子睡眠充足，饮食均衡，并请记得告诉孩子不需要太在意考试结果，这个考试的目的只是要知道孩子是否有达到学习标准，并且帮助他往后的学习而已。

在通知单上这行还特别加粗的句子让我来回看了好几遍，忍不住扑哧笑出来！哇！这样的提醒还真是特别哪！而且，大部分的家长还真的挺不在乎的，有些家长当我问起孩子即将测试 ISAT 的事情，他们还搞不清楚何时考试，只隐约记得有这回事儿。当然，也不会有所谓的“在家复习”这档事。

对于亘亘这样的外国学生，学校会如何处理呢？因为我们相信这些外国孩子不可能一起进行考试，因为语言的关系，结果一定会拉低学校的平均分数，因此我也很好奇地一直观察这场 ISAT 的动向。

考试前，老师还特地请家长提供一些小点心给这些学生吃，我原本想说有没有看错，当周原本就有排带点心的同学，因为考试所以孩子需要再多补充营养，因此需要再额外一份点心？哇！这场考试有这么耗体力吗？我越来越好奇了！除此之外，汉柔小姐还事先请学生从家里带一些游戏放在学校，

ABC's for Parents

Urge your child to say "NO！" to drugs and alcohol.
强烈地劝告你的孩子对酒精与毒品说"不"。

例如大富翁或纸牌之类的，准备在每天考完试的下午让学生放松一下。

考试总共进行了三天，我只派给亘亘一项功课：观察考试是怎么进行的，回家向我报告。

结果第一天，根据亘亘的"报告"她根本没有在班上考试，因为学校将还在学习英文的外国学生安排到其他的教室考试，地点就在校长室和副校长室！由校长和副校长分别负责这些孩了的考试，这可特别了。

由于三年级只考阅读和数学，所以亘亘只需考数学即可。第一天："今天考试时，我和其他几个外国小孩就待在校长室里面写数学。"亘亘一派轻松地说。"有没有写很久？"妈妈好奇地问。"没有！一下子就写完了，校长说后面不用写，就带我们到里面的小房间看电影了，还有给我们棒棒糖哦！"什么！与我想象的大家严肃地坐在小桌子前疾笔振书的模样有些差距。

第二天："和昨天一样，只写了一些数学题就到小房间看电影了！"

卖场里提供的电动车以及轮椅购物车，就与一般购物车摆在一起。

第三天："和昨天都一样！"亘亘简洁地说，"不过我们明天可以看电影哦！"原来三年级的老师们很用心在让学生"放松"，安排隔天在每班放不同的电影，还可以让三年级的学生自己选择到哪个班上看，当然也免不了一顿吃吃喝喝的。

就这样，这三天学校严阵以待的考试，在全校教职员努力地让学生放松之下，对亘亘而言真是再轻松不过了。因为每天下午回班上也是在玩游戏，加上这周都没有回家功课，简直是欢乐的 ISAT 周了！

照顾弱势之社会体制

上学期末 WIU 的综合大楼有一个矿石展，由于女儿们对于亮晶晶的石头一向很有兴趣，因此我就带两个小女孩去看看矿石。

一进展场，女儿们马上被各式各样的矿石所吸引，兴奋得东摸摸西瞧瞧的。不一会儿，我们看到一个很特别的摊子，摊位上面摆放了大大小小的白色圆形石头，旁边有一台特别的机器，看起来像是用来切割石头的。仔细一看，原来摊主贩卖的方式与台湾的"戳戳乐"有异曲同工之妙。首先，从摊位上挑选一颗石头，老板就会当场帮你用机器切成两半，此时才会揭晓石头内是何种矿石，此种方式比直接选购多了一些乐趣。

当女儿们兴致勃勃地在装满石头的桶子里东挑西拣时，我注意到有一位拄着拐杖的高大男孩正一拐一拐辛苦地往这边走来，而他的母亲则是紧跟在后头。当他用不利落的双手也加入挑捡的行列时，我的目光也被他深深吸引住。这个男孩应该是读中学的年纪，但可能是因为先天上的疾病，造成他四肢无法灵活控制，讲话也无法像正常人一般顺畅。但我环顾了一下在场的民众，没有人对他投以异样的眼光，也没有人在他通行时，很"明显"地让出一条路给他，大家的反应就像他是个平常人一般。

当这个大孩子挑选好石头，开心地一步一步艰难地移向队伍里一起排队时，没有人认为有何不妥，他也与其他的孩子一样好奇地伸出头来，看老板现在切开的石头内是何种矿石，兴奋期待之情溢于表。

轮到他时，我仔细观察老板夫妻的反应，发现他们待他就像平常人一样的寒暄，不过口语之间多了点鼓励，也多了点温暖。老板娘一边握着石头准备切割时还一边逗他，大男孩撑着拐杖咧着嘴笑着，他的妈妈则与老板谈笑着。当他的石头切割出来，老板夫妻用赞叹的口气说这颗矿石很美时，男孩开心地摇头晃脑，嘴巴咧得更大了。看着男孩小心翼翼带着满足的表情捧着他的矿石离去时，我心里涌起了很大的涟漪。

如果场景换成是在台湾，这样的孩子有可能到公众场所来吗？有可能像一般人一样逛街吗？他们的父母愿意不畏惧他人眼光带他们出来吗？而一般民众也能够友善地对待他们或者就像对待平常人一样不投以异样或者怜悯的眼光吗？

很遗憾地，我相信他们在美国能有更自由宽广的呼吸，而不必躲在家中或阴暗的角落。在美国，残障人士也能坐着轮椅单独出来买菜与购物，除了民众的态度健康之外，我想美国的残障设施普遍做得很好是重要的因素。在这里几乎各个建筑物都会设有方便残障人士开门的按钮，公交车也会降下高度，倾斜一边方便轮椅上车，此装置在日本也看过，让我们直称赞这真是贴心的设计。大卖场里也会提供电动车让行动不便者使用，且其设计就像一般购物车一样，顾客直接坐上去就可以开进卖场购物，不需证件或向他人登记。即使到了游乐园，坐轮椅同样能够与其他游客一样享受游乐设施。其他的公共设施还有许多便利的设计不胜枚举。

这一年来女儿们的成绩单。

美国在对于残障人士或弱势族群的协助上做得很细腻，我指的是，许多的便利设计并不会造成他们感受上的不舒服，他们能够生活得像一般人一样，只是多了一些不同的选择，而一般民众也认为提供这些便利的措施与服务是理所当然的，同样都是美国人，当然应该享受同样的便利性。

目前台湾在这方面真的需要再多学习，除了许多的设施设计不良之外，民众或执政机关的心态也须再修正。近来听闻台湾新闻报道一则残障人士搭台铁受到羞辱的事件，此事一出，台铁受到社会舆论大力的讨伐。我觉得此讨伐是台湾进步的迹象，政府应该重视各个建筑物与公共设施对于行动不便者的规划与体贴，不应该再忽视或敷衍。

事实上，台湾人对于残障人士或弱势族群许多不恰当的对待，追根究底多来自一种心态——“怕麻烦”。残障人士在公共场合走动，如发生任何状况，店家还要处理，麻烦！逛街购物会造成其他人的不便，麻烦！搭交通工具还要协助上车，麻烦！**这种“怕麻烦”的心态，造成社会对于残障人士的包容度不够，友善度更是不够。**反观美国有许多的措施会宁愿执行单位或机关麻烦一点，但却能顾及弱势族群的颜面与便利性，这真的很值得我们学习。

有时候社会的协助及救助的过程中，我们应该很重视的一环就是，顾及当事人的颜面与感受。因为这是基本的尊重，但在台湾这一点做得还不够细腻，我想这与我们的文化有关。**许多人都说欧美文化是以“信任”为**

原则，不过一旦违法必以重罚。而台湾则是以“提防”为原则，先严格检查再说。

在美国，我很欣赏其对于低收入族群的贴心措施，例如学校早午餐的减免，只要你写明自己的状况，并签名，不需任何证明，他就相信你。一些医疗协助机构，低收入者一样只要填写基本数据即可享受低价看诊的优惠。反观在台湾时，低收入族群如需要减免，即使金额并不大，就会被要求提出一大堆的证明，申请的单位好似深恐被欺骗一样，在这样的过程当中，申请者的自尊心又再次被伤害了一次。不过在希望被尊重的同时，也需先自重，当大家都能够自我要求较高的道德标准时，相信台湾未来也能够成为互助互重的社会。

林肯小学的亲师会谈（Teacher-Parents conference）

由于美国小学是一年分班一次的，换句话说，孩子每年都会换新老师及新同学。林肯小学除了每学年初会有班亲会让老师与家长互相认识沟通之外，每年还会有一次与老师一对一的亲师会谈（Teacher-Parents conference）。除此之外，由于一学年共分四个学季，因此学生一年共会有四份成绩报告，让家长了解孩子各方面的学习状况。而且林肯小学的亲师会谈，孩子是不用上学的！

早在那之前，汶特斯太太及汉柔小姐就发下通知单请家长填写自己方便到校会面的时间，总共有两整天加一个晚上的时段让家长挑选，每位家长有二十分钟的时间可以和老师面谈。

当天进入教室时，汉柔老师已经排好与家长面对面的桌椅，桌上摆了许多的小牛皮纸袋，里面装的是学生第一个学季的成绩报告。我在老师对面的椅子坐下之后即开始晤谈。

汉柔老师一项项地对我解释各个成绩的内容，并说亘亘目前在班上适应不错，要我不用担心，这也让我放下心中的石头。

基于“同行”的心态上，我好奇并仔细看了一下美国这里的成绩单。嘿！这里的成绩评分标准还分成两个部分呢！如果以台湾习惯的用语来解释的话，就是“主科”与“艺能科”的评分标准是不相同的。小学的“主科”包含四个部分：阅读发音（Reading/Phonics）、语言写作（Language/Writing）、数学（Math）、拼字（Spelling）。基本上属于“语文”的部分就占了其中三项，就好比将台湾的语文课分为注音、作文及阅读能力来评分一样。此部分的评分标准为 92 ~ 100 %（A）、82 ~ 91 %（B）、72 ~ 81%（C）、62 ~ 71%（D）、0 ~ 60%（F）。

而“艺能科”则包括了自然（Science）、社会（Social Studies）、书写（Penmanship）、体育（Physical Education）、体育课行为表现（P.E. Behavior）、音乐（Music）、音乐课行为表现（Music Behavior）、美术（Art）、美术课行为表现（Art Behavior）九项。（由于二、三年级的“自然”与“社会”课程所占的比例还不高，属于主题式教学，因此归在此类。）

此部分的评分标准就较简单了，只分为三个等级：E = Excellent（杰出）、S = Satisfactory（满意）、U = Unsatisfactory（不满意）。

我们家那两只小鬼运动神经一向不怎么发达，来到了这个注重体育的美国，我这个当妈的还怕她们呈现一副“弱鸡”的模样，还好看到成绩单上写的是 S（满意），这才让我松了一口气！

刚好下学期时，学校的体育课安排了四节溜冰课让全校的孩子体验一下溜冰的滋味。想不到女儿们在幼儿园里学了四年的直排轮鞋课在此时竟然派上了用场。在一堆外国孩子穿着溜冰鞋摔得乱七八糟时，她们两人可以悠游自在地体育场上滑行，让同学们着实惊讶，这也让平时因为语言而感到落后同学一截的她们“得意”了一阵子呢！

除了学科之外，成绩单上还有一个相当于“操行成绩”的部分，共包含“表现出令人满意的行为”（Shows Acceptable Behavior）、“合理的努力证明”（Demonstrate Reasonable Effort）、“听从 / 遵从老师的指令”（Listens/Follows Direction）。其评分标准与“艺能科”是相同的。

这是亘亘来美国之后的第一张成绩单，她的“主科”除了阅读发音的部分，老师在上面注记是“英语学习者”之外，语言写作、数学与拼字三项的分数都是 A。身为家长的我当然很高兴，但是不免在想她的英文明明还不行，怎么会得到 A 呢？

老师大概是看出我的困惑，马上解释给我听，她是以亘亘在语言上的进步来打分数的。她认为在短短两个月的时间之内，亘亘已能和她说一些简单的句子，并且对上课内容能听懂的部分也增加了。加上她观察到亘亘很喜欢看书，虽然大部分是看中文书，但可以看出她的语言程度是不错的，只是限于英文而无法表达罢了，所以她给了她 A。

听了汉柔小姐的解释后，我很感谢老师的宽容及对于异文化孩子学习状况的包容。由此也可以看出这里小学成绩的弹性很大，就看老师由什么角度来解释学生达到什么样的程度。

这里所重视的是孩子快乐的学习，但如果让孩子压力太大，没信心，让她们丧失学习的兴趣与信心，对他们的成长是没有帮助的！

让孩子知道老师很肯定他们在这里的学习是很重要的，尤其是在这个年纪的孩子。老师的肯定有时会比父母的肯定效用更大，因为孩子知道你爱他，但老师的评语通常是公正的。

这样的成绩单，女儿一年内共拿到了四份，事实上这是一份共含四张的成绩单，因此拿到成绩单时同时可以看到之前的成绩，可以更清楚孩子的学习演进。

亘亘班上的个人报道。

如如创作的英文小书封面。

不过，随着女儿们拿回多次的成绩单之后让我不禁想到，台湾地区的成绩多是以三次段考及平时考为主，考试的范围非常清楚（例如语文的第一课至第四课），且会事先告知学生与家长。因此收到成绩单时，成绩好坏也就清楚知道是哪个阶段需要再加强。而在美国这一年里，学校虽有多达四次的成绩单，但并没有让家长及学生了解其评分的范围。例如自然与社会多是采用主题式的教学，数学也不完全按照章节教，语文的教学内容更是因教师而异，如果孩子拿到成绩单时看到阅读（reading）这部分拿到一个“D”时，他能了解自己到底是哪个部分需要改善与加强吗？

当然这或许又是我们台湾地区教育方式的魔咒——针对错误的地方加强再加强。但是，教育的过程除了老师需要清楚地传递知识之外，也要让学生吸收到正确与完整的知识。测验的目的也是要让学生知道自己哪个地方不清楚或观念错误，不是吗？

我倒很欣赏这里一年一次与家长面对面的亲师会谈。这样的做法让老师有机会与家长认识并作进一步的沟通，而家长也能够在会谈中更了解自己孩子在学校的表现并提出自己的想法。与台湾的班亲会不同的是，台湾多是选在每一学期初的某一天晚上举行班亲会，但是通常会有十几位家长参加，如果想单独和老师谈论孩子的事时还必须排队，并且很难顾及孩子的隐私（教室就这么大，不管再怎么压低声音，其他家长还是会听得见）。以我个人来说，比较喜欢像美国这般，就采用两个上课日与一个晚上，和每位家长预约时间，一对一地好好沟通，既不用避讳其他家长听到，也不用怕耽误到其他人的时间。

ABC's for Parents

Work with your child to set up rules of behavior.
与你的孩子一同制定行为的规范。

千奇百怪的募款活动

记得来美国以前就听朋友说过，美国是个资本主义国家，因此你会发现“使用者付费”的观念在这里非常“落实”，很少会有像洗车送你卫生纸之类的事情发生。即使是在教育领域里，学校为了维持营运及添购设备，募款活动是一定不能少的，这样的现象在公私立学校皆相同。

学校通常不是采用直接捐款的方式，而是提供一些东西让家长购买。这样的方式其实令家长更容易接受，因为购买的也是平时会买的东西，因此基于协助孩子学校的心态更容易掏出钱来。家长的感受佳，支持度自然就上升，学校也不需要处于拜托家长捐钱的姿态，而厂商也乐于增加业绩并且回馈教育，创造出三赢的局面（当地人说的较直接，厂商用捐助的名义还可以减税）。

例如之前所提过的，在各学校里贩卖与附近大卖场合作的折价券（coupon），家长使用折价券在这些指定的卖场购物可获得折扣，而学校也能够获得商家捐款；另外学校在亲师会谈及举办魔术秀给孩子观赏的当天，家长会也会摆放童书供家长们选购；在每年一次的家庭日（Family fun night）活动时贩卖学校自制的 T 恤；与多家厂商合作，发给家长邮购目录，帮家长订购；圣诞节学生音乐表演后除了可以和圣诞老人合照之外，同时还有早餐募捐活动，就是让家长自由购买由学校餐厅所提供的早餐等等。

募款虽是其主要的目的，但学校多会结合亲子同乐，例如举办魔术秀及家庭日（Family fun night）活动，除了吸引家长带孩子来参加以外，孩子开心，学校也达到募款的目的，皆大欢喜。

另外一个让我感到很有趣的方式则是收集小标签（Box tops）！

这就是积少成多，发挥力量的 Box Tops。

记得刚开学不久时，有一次女儿们放学回家说：“妈妈！老师说如果买的东西上面有一个小标签时，记得要剪下来交给老师哦！”

“小标签？要做什么？”我的头上仿佛冒出许多的问号一样。

“就是这个！”如如指着我手上拿着正准备烤杯子蛋糕的蛋糕粉。

“啊？”我疑惑地看着她手指头指的地方。

原来在蛋糕粉的外包装盒上有一个小小的粉红色标签形状，上面印着“Box tops”。

“收集这个要干什么呀？”我还是搞不懂，这么小的标签有什么作用，平时我根本不会注意到它。

“我们也不知道。”女儿们耸耸肩说，“但是我看到同学都会交给老师哦！”如如补充。

既然如此，之后我开始会注意平时买的日用品包装上面是否有这个粉红小标签，并且小心剪下来让她们带到学校去，女儿们可以交给老师，也可以直接投入学校门口的“Box tops”专属收集箱。

一直到了学年快结束时，在每个月都会发回来的校刊上，校长蓝斯女士在上面提到：感谢所有的家长为学校收集“Box tops”，因此在二〇一〇

图书馆里制作逼真的多比（哈利·波特中人物）。

至二〇一一年期间，学校总共收到了一千六百二十美元的支票（相当于大约台币四万七千元），他们打算用这笔钱来购买教材与教具。

我这才惊讶地感受到，原来我们每次从日常用品上所剪下来的粉红小标签竟然可以让学校得到支票呢！**这可真是所谓的集结家长的力量，大家举手之劳剪卷标，根据卷标的数量，学校就可以得到相对的款项！这对学校而言无疑也是一种资助的方式，只是这次是由企业来回馈罢了！**

我好奇地上网搜寻有关这个粉红小卷标的讯息。原来这是美国最大的食品企业之一通用磨坊（General Mills）所发起回馈社会的一个方案：小标签教育。这个公司的食品产品范围很广，包括饮料类、烘焙粉类、麦片、饼干、冷冻食品、果酱、果冻等，甚至连纸类、办公用品皆含括。除此之外，也有其他企业逐渐加入此计划。因此一般家庭在购买日常用品时，多多少少都会买到这些企业的产品，要收集粉红小标签并非难事。另外 General Mills 也发展出网络上购买产品的电子小标签，并号召其他企业加入，因此美国大型连锁商店如科尔士百货公司、杰西潘尼、苹果应用商店、百思买集团等皆有加入此计划，让大家共同为教育尽一点心力（当然，提到此事时，美国朋友还是直接地说：因为这么做这些企业可以减税）。但不管如何，这些企业仍是回馈了社会，对于教育做了一些贡献，并且是绝大多数的学校皆能受惠。

根据 General Mills 的统计，全美已超过八万多所的学校加入。此计划从一九九六年以来已回馈了超过三点七五亿美元给各学校！

这样的回馈金到底有多少呢？以各加入学校去年所获得的支票来说，全国排行获得最高回馈金额的学校为北卡罗来纳州（North Carolina）的牧羊人小学（Shepherd Elementary School），金额高达五万两千一百九十四美元，相当于一百五十多万台币！原来我们所在的林肯小学所拿到的支票还算是小 case 呢！

除此之外，美国 SCHOLASTIC 出版社在网络上也设有一个图书俱乐部专区（http：//clubs.scholastic.com/parentordering/login.jsp），主要是提供家长网络购书的管道。除了里面有依据孩子年龄来做图书分类之外，最棒的是书本的售价比一般书局还低（美国书籍大多比台湾还贵）！

购书的方式也很简单，家长只要登入账号，在网络上选购好书之后，打入孩子所属班级的代号，孩子的老师就会收到电子邮件，待老师按下“送出订单”之后，出版社即会将书寄到学校由老师将书交给孩子带回。

你说这样不是很麻烦老师吗？事实上不会，因为只要家长每下一笔订单，班上就能获得一本免费的书！各班老师也可以在该网站上列出希望家长捐赠给班上的书籍，如此一来，家长既可以买到比市面上便宜的书也不用负担运费，出版社可以增加业绩并且回馈学校，而老师只要按按按钮就可以为班上的小图书馆增加藏书，何乐而不为呢？

每次看到企业对于社会及教育的回馈都会令我有些许的感动。或许他们的确有一部分是为了节税，但不能否认的，也有一部分的目的是为了回馈社会。早期台湾企业捐助的风气较不盛行，但近年来已陆续看到一些企业对于文化、教育或弱势族群表现出其社会责任感，这也是台湾社会的一种进步。虽然我们还有努力的空间，但只要企业存在着社会责任感，秉持着“取之于社会，用之于社会”的信念，不管是不是大企业，只要有心，都可以做到。

爱迪生小学用心的十项欢迎礼

马科姆小学与其他地方不同的是，小学四到六年级是到另一所小学上学。因此在三年级学年快结束时，学校安排所有三年级的学生到爱迪生小学参观，认识一下未来的学校。

参观当天放学时，亘亘很开心地拉着我分享当天的所见所闻。

“妈妈，你看！我们每个人都有一个大哥哥或大姐姐负责介绍哦！这是和我一组的大姐姐送我的。”亘亘急忙将一直拿在手里的一张黄色大卡片塞给我看。

“姐姐好好哦！”在一旁的如如很羡慕地说。

“那里还有你喜欢的那种一整排铁柜哦！就像《歌舞青春》里面那种。”姐姐得意地说。

“哇？”妹妹忍不住叫了起来，她的表情如果在漫画里就是两眼闪着光芒的那种样子了！

“哎呀！兴奋什么？我们都快要回国了，别忘了你们并不会在这里读爱迪生小学啊！”妈妈忍不住煞风景地说。

这下子换孩子嘟着嘴小声地说：“我们知道啦！”

知道归知道，小女孩们还是不死心地问：“那我们可不可以念完爱迪生小学再走？”

看着这两个很吃学校营销这一套的小毛头，我真是只能笑着摇摇头了。

我倒是很好奇是什么样的介绍，让原本心已经快飞奔回台湾的女儿兴起继续留下来念小学的念头？

打开手上这张封面有只野猫的黄色大卡片，映入眼中的是一封写得满满的信。这封信是由负责介绍爱迪生小学给亘亘的大姐姐所写的，信中介绍着这所学校的特色、好玩的活动，信末还不忘殷殷期盼与祝福你未来在这所小学一定会过得很愉快。

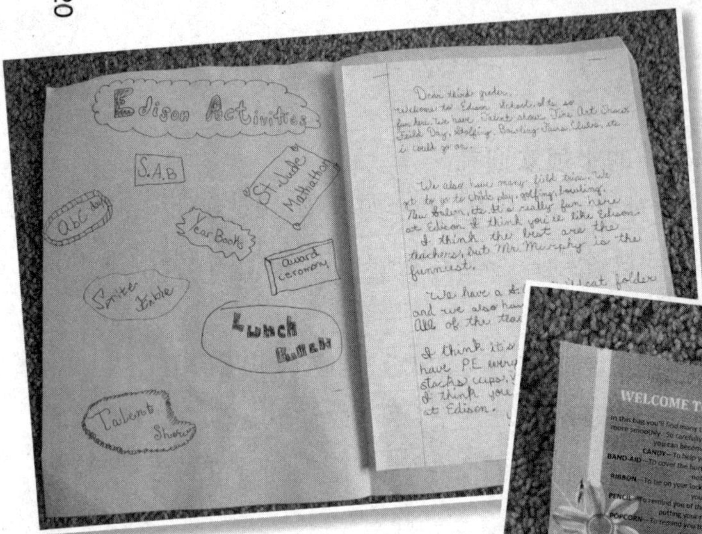

大姐姐写给亘亘的卡片。

爱迪生 小学送给每位学生的十项欢迎礼。

这封信字迹工整，内容丰富，足以想见这位孩子的用心，也可以看出学校对此次参观的重视。爱迪生小学在这次参观中还很用心地发给每位孩子一个牛皮纸袋，我打开一看，里面装了铅笔、回形针、缎带等小东西，我一时之间看不明白这到底是做什么的，于是问在旁边的亘亘。

“哦！那是学校发的，这里有一张小卡片。”亘亘从书包拿出一张小卡片给我。

我仔细一看，不觉惊呼：“这是学校要送给你们的十项欢迎礼啦！”

“啊？”亘亘疑惑地歪了一下头。

“你看这张小卡，上面说每样东西都代表一个意义，例如：爆米花是提醒你是独一无二的，而且拥有特殊的特质与天分……”我一边看着小卡一边念给女儿听。

“啊！可是我已经把爆米花吃掉了！”亘亘捂着嘴巴惊讶地说。

“……”这次换我无言了。

“你竟然把爆米花吃掉了？”老爸惊呼之后忍不住爆笑出来，接着全家笑成一团。

“我……我看到里面有一颗爆米花就吃了啊！我还吃掉了里面的一颗糖果……”亘亘难为情地说着。

这小妮子很“老实”地招供着，看来学校的用心全进到她肚子里了。

我看着小卡，逐项地向女儿们解释这十项欢迎礼所代表的意义，让学校的用心能让她们感受到：

Candy（糖果）：帮你保持甜蜜与美好。

Band-aid（ok 绷）：覆盖住你因为被嘲弄所受的伤，并且提醒你这不会永远存在。

Ribbon（缎带）：绑在你的铁柜或桌子，这样你总是可以找到它。

Pencil（铅笔）：提醒你做好功课的重要性，以及记得在功课上写名字。

Popcorn（爆米花）：提醒你是独一无二的，而且拥有特殊的特质与天分。

Cotton ball（棉花球）：抚平你有时候因为成长与改变时所受到的伤害。

Paper clip（回形针）：帮助你组织及联结事情。

Cough drop（喉糖）：在天冷时让你的咳嗽减缓。

Happy face（笑脸贴纸）：提醒你随时保持微笑。

Heart（心型贴纸）：鼓励你在学校结交新朋友。

“哇！之前听说过有些美国学校会有这样的做法，结果竟然真的让亘亘遇到了！学校还真是用心啊！”回头正准备看看女儿们感动的样子，想不到两个小妮子听完我的翻译之后，只抛下一句：“妈妈，你讲完了吗？我们可以去玩了吗？”接着就一溜烟跑到楼上，两个小头挤在那张由爱迪生小学大姐姐所写的大卡片上热烈地讨论着。看来这十项欢迎礼是用来感动家长的，孩子们还是对于同为孩子所写的话较有兴趣吧！

没有完美的教育模式

外国的月亮比较圆？听过不少人表示美国的教育比较好，其实各国和地区的教育制度都有其优缺点。人常会羡慕自己所没有的，就看你想要的是什么！

曾有在美就读教育研究所的朋友跟我们提起，在课堂上看过一段有关美国与台湾地区教育的实验研究影片，此研究影片主要是想了解两地父母不同的教育方式对于孩童的学习成效是否有差异。影片中分别在美国和台湾地区同时给小学生考试，考试分为两个阶段，在中间休息时间时，调查员故意跟孩子的母亲说你的孩子考得很差，有许多地方需要加强的诸如此类的话语，接着观察两地母亲会有何反应。结果台湾地区的家长在休息时间时赶紧叫孩子过来，告诉他哪里错了，叮咛着哪里要改进。而美国家长则是隐藏孩子的错误，反而告诉孩子调查员夸奖他表现得很好，继续加油。结果当两个孩子继续进行下一阶段的考试之后，台湾地区的孩子考试结果比第一阶段进步较多，错误也改正了，而美国孩子则仍是错误百出，一点都没进步。

姑且不论此实验手法操作的细节及是否具有推论性，我们听了朋友的叙述之后的感想是，**美国的父母的确是倾向如此，以鼓励与称赞为主，并认为孩子能自己从错误中学习。**

这样的做法从教育的某个角度而言并没有错，但关键在于孩子的年龄及称赞与纠正的时机点。别忘了，提醒孩子他犯的错误，也是父母的责任！

举个例子来说，现在我们常提到父母应该懂得放手，让孩子自己去尝试，

芝加哥千禧公园的云门。

他才能从错误中学习。没错，这是对的。但是如果小孩子功课没写，你会让他“尝试”被处罚的滋味然后从中学习，还是一开始就盯着他完成？

好吧！我承认，我是属于后者。但前提是，要从小学中低年级时就协助孩子养成每天完成功课的习惯，时机错过之后，就只会演变成亲子大战了。

而美国人教养小孩的观念较自由，遇到这样的状况，当父母的通常多只有提醒而已，并不会像东方的父母一样“压”着孩子写，因为他们觉得已尽到提醒的责任了，接下来孩子要自己面对后果（被老师处罚或学不到东西），经由承担后果的过程来记取教训。美国父母认为这是在训练孩子的责任感，因为他们很强调功课与念书是孩子自己的责任。而学校老师也是相同的观念，常常学生功课没交也不会通知父母，你只有在收到成绩单时才知道孩子因功课没交而被打低分，而老师的回答也是“这是学生自己的责任”。我非常赞同“功课与念书是孩子自己的责任”，但我的疑问是，如果学生从小没交功课都只是学期成绩单被打低分而已，老师与家长皆没积极督促他，难道孩子有办法自己“领悟”这是自己的责任而自动去做好它吗？

当然，各个老师有不同的做法，也有老师会在下课时间将学生留下来写作业的，但家长仍多是处于“后知后觉”的状态。

在台湾常认为西方教育尊重孩子，并且给孩子较大的发挥空间，因此教育出来的孩子较独立自主，有自己的想法。但是到底该尊重孩子到什么程度，及到底该放手到什么程度才是好的呢？我想这很难有一个准则，**但尊重孩子有一个重要的原则，所谓的“尊重”主要是在于尊重孩子的感受及顾及自尊，因为这是一个健全的人格很重要的要素**。但尊重的同时，别忘了孩子之所以是孩子，就是因为他还不是一个成熟的个体，他还需要引导及教导是非对错。

但台湾许多的父母对孩子的“尊重”多用在尊重孩子的选择。就某一个角度看，这也没错，但重点仍是在于孩子的年龄。我看过一位妈妈在喂她不到两岁的儿子吃饭时，每喂一口都要问她儿子：“要不要肉肉？”“要不要

不管是何种肤色，来自哪个国家和地区，在美国人眼里，他们通通都是美国人！

玉米？”“要不要菜菜？”我在旁边看了都要昏倒了。这个年纪的孩子虽开始能表达一些自我的意识，但还是需要父母帮他做选择的，因为这时孩子的判断力还不足，如果依照人性的发展而忽略了雕琢，待孩子年纪增长时，你再怨叹孩子偏食或有一些坏习惯时，通常为时已晚。但当孩子年纪增长时，父母就可以开始慢慢地释放一些在你许可范围内的几个选项让他选择，渐渐地再将选择范围扩大，等到孩子有足够的判断能力时，就是你放手的时候了！

美国较顺从人性的教养法，但在这里，我看到不少美国父母教养出来的孩子不是“自主”而是“自我”！当然可能我们以东方的思维与标准评断并不客观，“自我”或许也是一种主观与自我意识的表达。但女儿们的班上有不少自我的孩子倒也是事实，她们还很疑惑地问过我：“为什么美国人小时候这么自我，长大后就不自我了？”她们认为美国大人感觉上都挺有礼貌的，到底从自我的小孩到有礼貌的大人，这中间到底是怎么回事呢？说实在的，我也很想知道答案。

与选修詹姆斯（作者右后方）计算机课的高中学生合影。（他们都像是一堵墙般的高啊！）

台湾地区的教育模式一直以来备受抨击，主要是因为学生的压力太大，大到已失去快乐的童年及青春该有的光彩。但美国目前“快乐轻松”的基础教育就真的比较好吗？

我曾经好奇地问过几个美国友人同样的问题：“你认为在美国教育系统下教育出来的孩子未来会有竞争力吗？”

有人毫不犹豫地回答：“Yes！”

也有人斩钉截铁地回答：“No！”

对于回答“Yes”的人我继续问了一个较尖锐的问题：“美国许多的发展与竞争力都是来自外来的人才，不管是亚洲人或印度人，您认为如果只有美国本地人还会有这样的竞争力吗？”

他们不假思索地回答：“这些人也都是美国人啊！”

他们理所当然的口气反而让我语塞。没错啊！以美国人的角度而言，他们从小习惯各种种族与文化的交融，因此不管是来自非洲或亚洲的人都是他们美国人哪！这与我们老是探究在美国有哪些学者或科学家等尖端人士是亚

圣诞节下雪时的林青小学。

洲人，然后可惜亚洲人都将才能奉献给美国的心态大不相同，因为对美国而言，他们都是美国人！

至于回答“No”的人呢？他们认为美国的教育也是不断地经历许多的改革，越来越强调轻松及快乐的学习，以他们的成长过程而言，过去在基础教育阶段所学的分量及难度都比现在多很多。（这些话好像挺熟悉的，不就是我们这一代大人常说的吗？）因此他们也很忧心现代的孩子在基础教育上的锻炼与训练越来越弱，将来要如何进入大学学习更高深的学问？

事实上，每个国家或地区的教育制度都有其优缺点，没有一种教育制度是十全十美的，也没有一个国家和地区的教育体制可以完全套用在另一个国家和地区身上。因此很难单凭一些点就评断其全面，但是在我们崇尚将孩子送往自由开放的西方教育时，是否也该仔细评断剖析其各个层面？

例如台湾地区媒体也曾报道过一些好学校，我们就住在某一所附近，根据我们的了解，其在媒体上所宣称的优点与其现实上所实施的情况相差甚多。每个学校或单位主管遇到媒体采访或别人访问时都会端出最好的“牛肉”，这种现象中外皆然，又有谁会愿意披露出自己的缺点呢？每个学校或教育体系也必会有其一套可以展现出来的政策与实施方针，写过报告的人都知道，这些官方资料都做得很精美，就像学校的评鉴制度一样，谁的数据最会排版，最会包装，它的分数就不难看。但实际上的实施情形只有局中人才知道。

常听到别人提到美国或其他先进国家和地区的教育就称赞有加，并且说得好像该国和地区的教育多尊重小孩或老师多有爱心与耐心，无一例外一样。当我听到这样的评论时就常在心里纳闷地想：难道台湾地区的老师就都没有爱心与耐心吗？这或许是我们要检讨给人的形象如此，但事实上真的是如此吗？老师也是人，也会拥有各式各样的人格与人性，不可能一个国家和地区的教师有齐一式的水平，每个老师都一定有无比的爱心？这就真的太神奇了！是哪一个国家和地区的教育这么优啊？别不回答啊！

我的意思是，别一直长他人志气灭自己威风，台湾地区也有许多的好老师，教育制度上也有令人称赞的地方。西方教育有其开放自由的地方，但也有其严格约束但却鲜为外界讨论之处，当然更有令人担忧的缺点。但人通常只看得到自己所没有的，只羡慕表面上比自己好的地方，却没有考虑到这些令人羡慕的地方背后有着什么样的历史渊源或文化背景，同样的制度搬到台湾来，对于我们的下一代是否适用？是否如同我们想象中的好用？

如果撇开这些不谈，如前所述，美国的学校其实并不是如我们想象般的开放自由。例如目前也有越来越多的学校规定学生穿制服，有些学校要求之严格与台湾地区不相上下。例如詹姆斯的学校也规定学生穿制服，只要不符规定马上开黄单警告，听说有不少家长非常赞同学校的做法，特意将孩子送来“管教”。当然，穿制服时到底有没有必要吹毛求疵到要求袜子的长度到哪里是见仁见智，不过也有学校不是开个单子就了事的。记得有一次每周都来陪伴女儿们阅读的汤姆告诉我们有一天他不能来，原因就是因为他有两次的体育课没有穿体育服去上课，因此被罚留校察看之外还要补上课一次！我听了之后真的大表惊讶，想不到这里比台湾还严格啊！（当然，职业病使然，让我大呼这样的做法真是好啊！如果在台湾地区实施一定会引起许多的家长挞伐吧！）

除此之外，在我们这个学区，中学里会有一位全职警察驻守，小学则是会有警察定时巡逻，这样的做法在美国许多州也有实施。这让我想起之前在台湾吵得沸沸扬扬的“教官退出校园”话题，之前有人认为其他国家和地区高中校园都没有教官，为什么台湾要有？来到这里才知道，原来美国高中校园里没有教官，但有警察啊！

再谈到我们常在电影里看到的校园情节：一个学生犯了错，老师会开给他一个单子请他留校察看，被罚留校察看的学生放学后就要到一间教室里报到。教室里有一位老师负责看守，学生们在教室里可以看书或睡觉，但就是不能离开。这样的方式主要是限制学生的自由来以示惩罚，这间教室普遍称为留察室（Detention Room）。

我们在詹姆斯的学校倒是看到了一个“另类”的留察室。这个留察室是在一间教室里隔了两间小房间，小房间里除了一张学生桌椅之外空无一物，小房间外也由一位老师负责看守。而在面对老师的两面墙壁上都有着大大透明的玻璃窗，让被罚的学生无法在里面搞怪，学生也只能携带书本或作业进入而已。换句话说，被罚的学生是被单独关在这个小房间里，当我和阿嘉看到这样的留察室时真是惊讶到瞠目结舌的！

在这个讲究人权的美国，竟然还有这样的处罚方式。我们第一个提出的疑问就是：“这么做不会有家长抗议吗？”要是在台湾，早就上头版新闻被社会抨击了。在场的老师笑笑说：“还好，因为我们只是限制学生的自由，并没有对他们做什么。家长普遍都还蛮支持的，因为如果留校察看没用的话，学校是可以要求家长自行带回管教的，因此家长都宁愿学校帮他们把孩子管好。”真的是很特别呢！当然，詹姆斯的学校是个特例，这并不是美国学校普遍性的做法，不过詹姆斯他们这所公立的中学倒是因为管教严格而获得好评呢！

当然，各校有各校的特色，因校而异也因州而异。如果要评断台湾地区与美国的教育哪边比较好，我想是很难断定的，就看父母与孩子想要的是什么。不可否认的，美国的教育制度让程度好又积极的孩子可以发挥所长，并且可以同时发展除了读书以外的嗜好与特长，如果顺利，还可以一路念到世界顶尖大学，这些都是台湾地区教育所望尘莫及的地方。

但也别忽略了其教育上及社会上的问题。例如美国基础教育很注重培养孩子的独立性与创造性，但在基础能力的锻炼与训练上就显得较弱；又例如让台湾羡慕的每天下午三点多就放学的制度，好处是让孩子有时间做自己的事，学习或发展兴趣。但缺点则是这段时间也很容易成为孩子与朋友鬼混及沉迷在电玩世界的空当；这时家庭的功能就扮演着非常重要的角色。除此之外，“毒品”及“未婚怀孕”也是美国教育环境中一直以来头痛的问题，这些问题在美国的大城市中越见严重，也是学校倡导及预防的重点，不可轻忽。

别忽略社会的影响力

我们羡慕美国作业分量比台湾地区少，教学方式活泼化、给孩子较多创造力的空间，但在学习之外，也不要忽略了种族与治安等社会问题。因为教育并不是独立于社会系统外的体制，它与社会文化息息相关，孩子在此学习时不只是接受整个教育的洗礼，同时也沉浸在整个社会当中。

种族问题不见得是种族歧视，美国政府虽努力让各种族文化能融合，但部分美国人对于不同种族与文化的族群友善度仍不够。另外非洲裔美国人（就是我们俗称的黑人）在美国遭受歧视与不平等的对待已长达多年，种种的连锁效应仍在发酵，例如当地美国人告诉我们，目前黑人会有“反歧视”的现象，对于其他肤色的种族较容易持有排斥的态度；众多黑人聚集的区域多是治安不良的地区，有时连白人警察都不敢进入；美国许多底层的服务工作因为薪水低廉，多数白人不愿意做，因此多由黑人担任，以麦当劳为例，在这里可别奢望能得到像台湾麦当劳强调微笑的高质量服务。

记得曾与在美任教的詹姆斯聊天时开玩笑说，在台湾，老师如果骂学生，通常怕事后被盖布袋。他回答我说：“那算什么！ 在美国我们则是怕放学后被枪击！”这样的回答听得我胆战心惊。詹姆斯还说之前他在底特律任教的中学，校门口都还设有金属探测器，以防学生带刀枪进入校园。

枪支自由在美国是治安的一大问题，在各地都可以看到一些卖场里有一整排的枪支及一整面货架的各式子弹供民众购买，虽必须要有执照的人才能购买，但只要你背景单纯、身家清白，基本上并不难申请。加上近几年来，由于美国财政困难，部分地方削减了警力人数，也大大影响了治安。我们与詹姆斯四年没见，今年他已随时携带手枪在身上（除了在学校之外）以保护一家大小，足可见治安之恶化。

记得在台湾规划旅游时，担心的是塞车问题及抢不到饭店，但在美国这一年到处旅游时，每到一个地点，我们优先上网查询的不是旅游景点，而是治安不好需避开的区域。美国有不少城市治安堪忧，白天还好，但晚上就绝对不要逗留，例如已名列世界十大最危险城市的底特律（Detroit）与新奥尔良（New Orleans）。

在美这一年期间，由于阿嘉的姐姐到底特律开会，因此我们开车到那里

装玻璃门窗的柜台。

与她见面，也让我们有机会看看这个因为州政府财力困难而削减警力导致治安更加恶化的城市真貌。不过即使最危险的城市里也会有安全的区域，因此我们住在离机场较近的安全地区，并找了一个白天开车进入市中心晃晃。由于之前在一个网站上查询底特律近期的犯罪案件，地图上顿时出现了密密麻麻代表犯罪案件的红点，让我们一路上开得战战兢兢。底特律市中心白天宛如空城，街景萧条，很难想象其往日汽车大城的繁荣景象，陌生的车子进入市中心时很容易引来侧目，让我不由自主地紧张起来，频频告诉阿嘉：“千万不要下车啊！”

正当我们“安全地”要从交流道离开市区时，如如突然从后座冒出一句：“我想上厕所！”有孩子的人都知道，孩子们通常忍不住，因此我们不得已地叹了一口气，只好在最近的一家麦当劳下车。当我们一走进麦当劳时，顿时感受到许多的目光向我们看来，环顾四周，店内全是黑人！我们对于黑人并无成见，但当你被一群黑人包围时，心里还是会不由自主地紧张起来，尤

治安不太好的区域，加装铁门铁窗的加油站便利商店。

其是当所有人都盯着你这个亚洲家庭看时。女儿们也不由自主地往我们身边靠紧，紧张地看着四周。我故作镇定地到柜台点餐，却发现在收银柜台上设立了一道水泥砌成的栏杆将顾客与收银员隔开，我第一次看到麦当劳有这样的设计，心里对于这里的治安也大概有个底了，还是尽快离开为妙。

后来我们发现要判断一个陌生地点是否安全，是否适合落脚，最好的指标就是看加油站！美国的加油站多是由民众自行加油的，付费的方式通常是在加油机器上直接刷卡或进入店里付款，也因此每个加油站都会有一个简易式的便利商店。那为何加油站可以当作当地治安的指标呢？举例来说，我们住的这个大学城，由于是在乡下，民风淳朴，加油站都是自行加油之后选择上述两种方式来付款。但是如果较接近市区的地方，许多加油站会要求你进入店里先付款再加油，以防你跑掉。治安差一点的地方，在付费的柜台会用玻璃门窗整个围起来，只留一个小窗口付费。我们也看过加油站的便利商店门口整个装铁门的，只要遇到这些类型的加油站，我们通常都不会久留。

因此在美国期间，我们深感在“医疗保障”与“人身安全”两方面上，相较之下，住在台湾地区是较幸福的。在台湾不可避免地也有犯罪事件，但通常我们想去旅游时，车子开了就出发了，即使半夜开在路上也不用担心有人半路拿枪拦劫你，也不需要频频查询哪些危险区域需要避开。记得几年前我们在日本进行研究时和一位来自南美洲萨尔瓦多的友人聊天，我们问他，假使在日本过得不顺心，会不会考虑回国？他一改嬉笑的表情，以严肃的口吻说：“不会，因为日本较安全。”看着我和阿嘉疑惑的表情，他接着说，“在我们的国家，即使走在街上都有莫名其妙被杀掉的危险。”那时我才深刻地感受到，**在台湾地区时我们视每天走在街头及上班上学是一件稀松平常的事，在地球另一端的土地上，这却是令人渴望的。**

说真的，我还是很庆幸生在台湾地区！

STUDY
ENGLISH

V

英语学习之路——从英文字母开始

台湾目前流行双语以及全英语幼儿园，到底对幼小孩子的语言基础是否有帮助？当亘亘对我说：“我最讨厌英文了！”我心里同时响起了警铃。难道台湾的英语教学，十几年来都没有进步吗？

我的宝贝不喜欢英文？

大部分台湾父母都有同样的愿望："希望孩子的英文能力好。"我们这一代学习英文的方式多是土法炼钢，套句孩子们姑姑讲的话："减肥与英文是终其一生都需要与它对抗的。"因此更是希望孩子不用经历这一遭。所以老大念小一时，我也"跟随潮流"地送她去英文补习班。

当年我为了寻找一个理想的幼儿园，前前后后看了十几家，最后舍全英语而选择了双语幼儿园。原因无他，只希望孩子在幼儿时期奠定好中文底子，毕竟她是要在台湾长大的。重点是我希望这个幼儿园不是将孩子关在建筑物里的，我希望她能在蓝天下自由奔跑。最后终于让我找到一间校园空间如小学一样大，且口碑也不错，收费又平价的双语幼儿园。两个宝贝在那里共念了四年（含幼幼班），每天都很开心。

不过，世间的事都是有一好就没两好，它们的英语教学却是采用"美国教材台湾教法"来进行。虽然每天都有英文，小孩回家似乎也都会念书，但教学方式却是教孩子以背诵死记的。记得亘亘念中班时还参加过园内的英语演讲比赛，能够背出"落落长"的演讲稿，但是到了上小一时却全然不记得这件事了。加上因班级孩子人数多，老师皆没有纠正孩子的发音，因此常听孩子念英文是没有尾音的（例如没有念出 s 或 t 的音），而且有些老师的发音本身就有问题，这也是目前台湾地区许多英语学校的共同毛病。

因此当亘亘上小学一年级，我们带她去英文补习班报名时，补习班做了一个简单测试（分班用），结果真是让我和先生傻眼，因为我的女儿英文程度竟是零级！

接下来亘亘就开始了那辛苦的英文补习之路。我们前后让她上过三家补习班，前两家都是全省连锁知名英语补习班，但是其采用的方法不外是死背及不断考试晋级的方式。例如亘亘刚到其中一家上英文基础班时，不到一个月时老师就要求孩子背 newspaper 这种长音节单字，我问老师："孩子的自然发音法都还没学齐，要怎么背这么长的单字啊？"她回答说："没办法，死背啊！"

我听了简直傻眼，都经过了历代的教改，台湾地区的英语教学怎么还是没进步？来到美国时，才知道这种长音节单字在美国是小二下学期才开始背，而且是属于挑战字。相对于美国教学的进度，在台湾地区却要求没英文基础的小孩背这种单字，难怪挫折感很高。

后来我们换了一家全是外籍老师教授，口碑也不错的补习班，老师们都很亲切，我们也参观过上课情形，老师并不强调死记背诵，觉得这家补习班较符合我们的理想。

拉斯维加斯。

三个月后，亘亘在家吃晚餐时突然哭着说补习班今天要考英文，但她完全都不会。由于我家老大是个好胜心很强的孩子，所以面对毫无把握的英文考试，她非常地害怕。我们才惊觉事态严重，虽然当下安抚了她，她也擦擦眼泪去参加考试。但我和阿嘉的心中升起很大的疑问，难道这家补习班并不如我们想象中的理想？仍然流于填鸭式的教法？

晚上宝贝考完试回家了，满脸笑容地说她听说读写四科有三科一百分，一科九十八。我们听了觉得更扯了，她明明完全不会（我们有问她作业内容，她的确完全不知道那堆自己写的英文字是什么），但她竟然考了高分？因此我们向补习班老师提出想拿考卷来看一下，他们竟然回答考卷一向都没有发回家给家长看的，这更引起我们的疑问了！这究竟是什么考试？是制造假象给家长看的考试成绩吗？我们再进一步询问女儿她每天的英文作业是怎么完成的？她回答是中文老师让她们抄的！

答案揭晓，难怪我一直疑问她的英文句子，为何是每个字母连在一起的，原来她根本不知道她在写什么！除了震惊，更认真考虑还有补下去的必要吗？让孩子从小畏惧与排斥英文并不是父母所乐见的，我也不希望造成她太大的挫折感，因此，英语的补习之路就到此为止了。

有朋友告诉我，我们应该给予孩子持续学习，一段时间就会看到成果了；也有人说补习班不应该换来换去的，太快下定论之类的建议。但最主要的，我希望我的孩子不是被逼着去学的，**如果找不到成就感与快乐，那就不是个好的学习环境或方法**。当她已明白地说最讨厌英文时，对我们而言就是最大的警讯了！当然教育观因各人而异，但这也是促使我们决定来美的动机之一。

到了美国，孩子英文会自动变好？

常听人家说，小孩子学习能力强，到了美国不必管他，不需六个月就学会英文了。但，是真的吗？看看我们这两个来美国之前只会英文字母的女儿一路走来的心路历程吧！

我承认，一开始到林肯小学报到时，老师告诉我们学校没有专为外地学生所设立的 ESL（ English as a Second Language ）课程时，我的确慌了！

根据我们打听，美国学校对于英语非母语的孩子会有额外专门的一套系统辅助教学，因此我们心想就交给学校来专业教导女儿们英文应是最恰当不过的，所以来美之前完全没有替女儿加强英文，希望她们能像一张白纸般接受专业纯正的口音教学。

如如写的小故事书封面。

因此亘亘和如如刚来美国时，连 I 和 you 都分不清楚，每天上课老师都好像在对她们说外星文一样，讲义上的文字对她们而言也毫无意义。

虽说到美国上学有许多事会感到很新鲜，但新鲜感过了之后，女儿们每天要独自面对一个不懂的语言环境，无法与老师和同学沟通，无形中对孩子而言也是一种压力。

女儿们开始感到挫折，每天回家都会说很想快点学会英文，因为在学校学习感到很吃亏。例如：汉柔小姐让亘亘挑选组别或主题时，她因为看不懂也听不懂，所以经常都随便乱挑或只能选挑剩的选项，因此她深深感受到英文不好在学校会很吃亏。

如如和亘亘也表示觉得同学瞧不起她们，会故意教她们说："say Hi！"而且会有好几个同学常这样叫她们说。她们说完 Hi 之后，同学就会很惊讶地跟别人说："她会说 Hi 耶！"她们觉得很生气，觉得被当成笨蛋。刚开始我和阿嘉会用轻松的语气安慰她们："同学可能不知道你们的英文程度到底如何，想教你们打招呼所以才会这么说的，不见得是恶意啦！"但孩子反映同学不断地一直问，感觉就是同学瞧不起她们。

当老师多年，发现孩子在学校里受到委屈时，家长常有的反应有两种：一是不分青红皂白，只相信孩子的片面之词，认为孩子受到了委屈而责怪别人；另一种则是明理地了解事情的来龙去脉之后，如果孩子受的委屈不大，会希望孩子乐观面对，别放在心上。原本我和先生都是属于后者（不是说我们较明理，而是因为我们都是教育工作者），但是因为乍来到美国，女儿们感到委屈的次数自然比在台湾多。在每次与女儿们的对谈之中也让我感受到，大人有时会怕孩子受伤害而安慰孩子别人没有恶意，别太在意。但仔细想想，孩子虽语言不通，却还是有她们的直觉，如果真有瞧不起的情形发生，我们却去刻意忽略或否认它，对孩子并没有帮助，孩子以后就有可能选择不说她们在学校所受的委屈或不平等。女儿们的反应也让我突然觉醒到：**当孩**

子受委屈时，了解事情原委之后，记得与孩子站在一起，以她的眼光与身高一同看世界，你才会感受到“她的世界”！

所以后来我们改变方式对女儿们说：“他们瞧不起你，那你就变强给他们看啊！等你学会了英文，你就会国台英三种语言了，他们只会英文一种语言啊！到时候谁还能瞧不起你？”这时亘亘和如如才破涕为笑，转为强烈的斗志，立志要学好英文！

多管齐下的英文学习法

既然体悟到学校无法提供多少资源给我们，我们就决定自力救济，每天孩子放学之后在家教她们英文。

这年龄的孩子辨别与学习发音的能力比大人强，而我和阿嘉都是接受台湾英语教育长大的，因此只要是发音的部分，我们多是借重电子辞典及计算机发音，以避免我们的口音影响孩子。我们采用多管齐下的方式，运用工具、网络与电视等，让孩子渐渐地产生英语的语感。

◎单字便利贴

刚开始老师提供给我们初阶学习英文的便利贴，让我们可以在家协助学习。这工具设计得很好，很适合刚开始学习英文的孩子。这种便利贴有分不同程度的内容，有图案搭配文字的，也有常用前缀与字根，也有常用单字。你可以运用便利贴让孩子了解英文单字的组成，并且让她自行组合产生新的单字，借此认识更多的字汇且易于背诵。

阿嘉将这些便利贴贴在厨房的墙壁上，由最基本的单字教起，每天练习，并且以竞赛的方式，让孩子们举手抢答，增加学习乐趣。以前姐姐和妹妹差一个年级，在学习上姐姐理所当然懂的比妹妹多，学得也比妹妹快。但现在两姐妹的英文都同样是从零开始，因此妹妹有机会可以胜过姐姐时，学习起

美国公共电视（PBS）相关网址
Word world（各个卡通人物的造型都是其英文单字，节目中会教单字）
http：//www.wordworld.com/
pbs 儿童节目网址，里面有各儿童节目影片以及英语教学交互式游戏
http：//pbskids.org/

来更有劲，可积极着呢！而姐姐也会因为不想输给妹妹而卯起劲来学习，因此形成了良性的竞争。

每天她们就和爸爸利用我煮饭时，一起在厨房的墙壁上撕来撕去、贴来贴去的。老爸随着时间增加单字，同时开始教她们主词、动词和名词的概念，逐渐形成句子的结构也才有办法与人沟通。

就这样过了一个月，有一天老爸要求孩子们运用墙壁上她们目前学会的单字便利贴来试试造句。运用简单的主词＋动词＋名词的基本句型，教她们更换不同的字汇就可以造出许多的句子。想不到两姐妹忙碌地在墙壁前拼拼凑凑后，竟然可以各自拼凑出将近十个句子，真是出乎我们意料！

大约用了一个多月这个方便的单字便利贴，待孩子有了基本的概念之后，就再进入下一阶段的学习了。

◎英语卡通

记得在台湾时我们总是忙着限制孩子看电视的时间，不希望她们每晚都盯着电视，让脑袋都停止运转了。想不到刚来到美国时，我们反而是常一边转着电视频道，一边鼓励孩子看电视！

原因很简单，通过专为儿童设计的儿童节目是学英语的好方法，因为不但字汇简单，内容也吸引她们。刚开始，由于我们的电视没有几台卡通，只

有迪斯尼频道较熟悉，但又完全听不懂，所以孩子常是兴趣索然。我与阿嘉则是忙着找寻适合她们看的节目，到后来还得“规定”每天看一个卡通节目，现在回想起来都觉得好笑。

后来我们找到美国的公共电视台 PBS（Public Broadcasting Service），每天早上都有播放教孩子美语的节目，例如《戴帽子的猫》《单词世界》《超级为什么》《玛莎说话》《大红狗》等，这些节目都是美国家喻户晓的优质节目，坊间也都有贩卖相关书籍。

除此之外，我们让孩子选购了一些她们喜欢看的卡通 DVD，例如芭比系列。由于这些卡通她们除了有兴趣之外，大部分的故事她们在台湾已经看到滚瓜烂熟了，因此即使无法听懂全部的对话也能很容易意会，并且与中文意思联结。

在台湾，迪斯尼频道有切换双语功能，但她们总是不愿意切换成英语，来到美国没有中文可以选择切换，即使是 DVD 也是一样，因此渐渐地，她们就习惯看英文的电视节目，并且到了下半年以后，就恢复成像在台湾时一样的情形——已经必须限制她们看电视的时间了。

孩子的雷伯伯画给她们的。

◎善用图书馆资源

美国的图书馆都建置得不错，即使我们住的小乡镇，市立图书馆里的儿童区书藏量仍很丰富。刚开始孩子看不懂文字，就先从幼儿书开始。不过女儿们并不爱看幼儿书，因为她们的心智年龄早已超越那个年龄层，只是语言年龄还未跟上而已，所以这些幼儿书吸引不了她们。后来我改变方式，让她们先从有兴趣的书挑起，即使起先只有看图片也无所谓，只要保持对书的兴趣，维持习惯看英文字的形状与句子，对她们学习英文都会有帮助。

因此我们每两周都到图书馆去搬一大箱的书回来。刚开始她们会挑一些很有兴趣的书要我翻译给她们听，我会先念过英文再一句句翻译给她们听。不过我承认，要每天持续念书给孩子听，是件很不容易的事情；每天和她们一同奋战完功课已花掉许多时间与精力，因此念故事时间是断断续续地进行着。

上学期女儿们几乎还是停留在看图说故事的阶段，到了下学期开始，我开始要求她们要借一半初级的书籍（图书馆的书有按照年龄分类），每一页都只有一句话的那类。美国儿童书籍有些系列是培养孩子阅读的，因此会将这些书籍分等级，孩子可以依照自己的程度来选书，而这些书通常是知名的卡通或童话故事，因此很吸引孩子。我们先从第一等级借起，然后渐进式地借再高一点等级的书，慢慢地，当英文阅读能力进步时，她们渐渐地就能阅读字较多的书籍了。

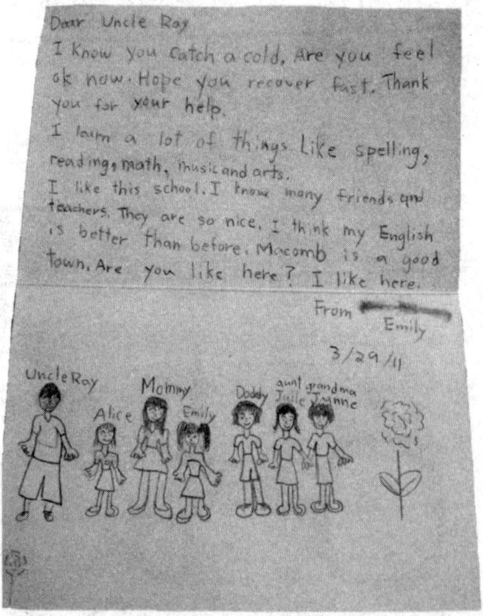
Dear Uncle Ray
I know you catch a cold, Are you feel ok now. Hope you recover fast. Thank you for your help.
I learn a lot of things like spelling, reading, math, music and arts.
I like this school. I know many friends and teachers. They are so nice. I think my English is better than before. Macomb is a good town. Are you like here? I like here.
From [redacted] Emily
3/29/11

孩子的雷伯伯感冒时，亘亘写的慰问卡。

这期间我们很少规定她们阅读时间，因为配合学校的阅读计划，老师每个月会发一张书单，孩子要将看过的书名写在上面，最后家长签名确认。我们再提醒她们书单还是空白的，要赶快看完书好写上去，这一箱箱的书就是这样看完的。

◎制作单字简报

刚开始由于亘亘的挑战单字较难（每周除了基础背诵的单字还有挑战字须了解），部分的字义在她的年龄也很难意会，更别提字的词性了，例如 rickety（易折断的）、reception（接待处）、reduced（降低的）等等。为了协助她理解这些单字，我每星期都将这些单字以简报软件制作成图文发音并茂的档案格式。在一页简报上，打上一个单字，下面即是相关的图片，我在图片旁边贴上一个小喇叭，按下即可以听到单字的发音。我只要带她做过一次，她就可以自己使用计算机复习了，非常方便。

不过这个方法费时费力，对于要长期背诵英文单字的孩子而言，父母需额外花不少时间，且要持续进行，因此只采用了一个半月就宣告终止了。

◎英文学习网站

目前网络信息发达，要在网络上找到学习英文的网站随便一抓就是一大把，刚来美国时，我们也让孩子每天到英文学习网站上玩，希望借此帮助她们学习英文。而亘亘的老师汉柔小姐几乎整个上学期的阅读时间都是让亘亘使用计算机，玩她选择的英文学习网站。

这些英文学习网站各有其优点，善用各种网站的功能，能够加强练习或学习发音等。不过，别忘了它只是辅助工具，千万别将这些网站当成学习英文的主要工具。因为要念好英文，还是得扎扎实实地坐下来背单字、学文法，这虽是最传统但也是打好基础最有效的方式。

◎**有声书**（audiobooks）

我曾经问过一些美国朋友："台湾使用注音符号来学中文，小学三年级以前的书籍大多附有注音，但美国人学英文是没有音标的，那你们要如何知道这些字怎么念呢？"他们回答大部分都是听大人说话来学习发音的（就像我们学台语一样），早期较少科技产品时，老师会念大量的书籍给他们听，现在则多通过录音带或CD。因此林肯小学的阅读时间也使用有声书，让学生可以轮流用耳机来听。

朋友鲁思是位小学退休老师，她认为阅读英文书最好的学习方式是从听有声书开始，先从基础的句子听。例如："Dog is running；Dog is eating……"重点是听发音与语调，并且要拿着书一边看着字一边听。但美国小孩遇到不会的生字大多不会查字典，大多看前后文即可以了解此单字的意思，就像我们看中文书一样。

刚开始，我就借了一些较简单的有声书给女儿们听，不过后来发现由于英文是她们的第二语言，来美国之前她们并没有累积大量"听"的经验，与在美国长大的孩子不同，因此不会的单字还是要查，尤其是形容词，很难从书中的图片中猜出，例如："狗很沮丧。"所以听英文有声书还是要建立在英文基础上，要累积一些字汇量之后才会有帮助；就好像给幼儿听中文的故事CD一样，因为从小已经在中文环境累积了多年"听"到的字汇，即使他还不知道怎么写这些汉字，但还是听得懂故事内容一样。听说读写，学语言的确是需要按照顺序来，先累积大量的听，接下来才能开口说，再来才有可能进入阅读和书写的阶段。

所以一直到亘亘她们学英文半年之后，我才又开始借有声书让她们听。有时候开长途车时就在车上听，有时则是在家里听。

◎善用电子翻译机

记得刚来美国时随身带了两台号称“内建台湾小学生所需单字”的电子翻译机，想不到刚开学第一周就“破功”，连如如小二功课里的单字许多都查不到，被我们视为“玩具”，完全无法发挥功效。因此她们老爸马上火速从台湾购物网站上订购了两台高阶翻译辞典。

刚开始因为孩子还不会打字，为减低孩子使用上的困扰，我们还选择了可以触控的翻译机，初期也真的减低了孩子使用时的障碍感。从小一升小二的如如对键盘及电子产品完全没概念，这台翻译机对她而言是个很复杂的机器，运用触控和手写功能，之后慢慢地发现这台翻译机对她很有帮助，重点是可以自行学习，不用处处倚赖爸妈。当然，一开始一定要陪她使用一段时间，并且教她如何运用来查单字及在课堂做作业时使用。

因为三年级的功课较难，在课堂上做的练习及测验卷也较多，因此需要使用翻译机的机会相对较高。由于此翻译机还能翻译句子，因此有时候老师需要告诉亘亘一些事时，也会透过翻译机翻译，虽通常翻译效果不佳，但也可以猜个五成。

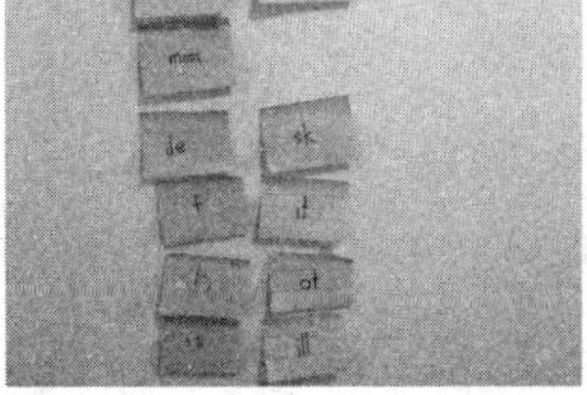

运用单字便利贴所拼凑出来的字汇。

记得亘亘自行找到翻译句子的这个功能时，她放学时很开心地跟我说：“同学们都觉得这个翻译机很酷，都想跟我借，索菲还用翻译机跟我说她觉得我很聪明（clever）耶！”哦！想不到翻译机也可以帮助她和同学的沟通呢！同学也很高兴终于可以和她对话了，即使只是几句简单的句子，但对于孩子而言就好像搭上线了一样，能够以“语言”沟通，而不只是比手画脚了。

翻译机在女儿们这一年的学习上占了很重要的地位，因为除了可以查单字，听发音之外，她们也可以自行测试单字背诵，也有许多其他学习英文的工具在内。最重要的是，它可以让孩子自行学习。**如果学语言一路上都必须倚赖爸妈的协助，这条路必定走不远，唯有培养孩子的自学能力，孩子的语言能力才有持续提升的可能性！**

◎爸爸制作的空白单字表格

到了下学期时，阿嘉制作了一张空白单字表格，开始要求女儿们将每周学校单字考试的字汇填写进去，并且要查清楚它的词性（名词、动词或形容词等）及中文含义，最重要的是每个单字都需要自己造句。

一位美国教授朋友曾对我们说：“美国人背单字是没有快捷方式的，但是最好的方式就是试着造句，这样你才会了解这个字怎么使用，知道怎么用才会记住它。”想想，我们学中文时不也一样？念小学时每次老师教一课新的生字一定会有“造句”这项功课，考试时更绝对不能少，这不也是同样的道理？

因此这一年来，只要女儿们要背单字就会去拿一张空白单字表格，一边按着翻译机一边跟着大声复诵发音。这样的方式虽需花费不少时间，但却是最扎实、最有效的！

但辅助工具再多，也要孩子能吸收才行，因此根据孩子不同的阶段运用不同的工具，并且交错使用才是最重要的。当然父母一定要花时间陪伴，我

依据各种词性以颜色标记的积木可以帮助孩子练习句子的结构。

们曾经也是将孩子交给英语补习班，回家后只有问孩子“听不听得懂？”或“作业写完了没？”的忙碌家长。因此在美国的这一年，让我们停下了脚步，陪伴着她们一步一步地来学习，纵使回台之后仍旧须忙碌地投入教学与研究的工作，我和先生仍很庆幸：还好，我们有来这一趟！

爸妈的功课

每天花大量的时间陪伴女儿做功课，外加帮她们翻译学校考题与作业。来到了国外，爸妈的功课还真不少！

刚来到美国时，女儿们因为不会英文，所以在学校的练习及回家功课都无法独立完成，她们也会因此感到泄气。唯一让女儿们比较有自信的就是数学了，如果只是比运算的能力，当然台湾孩子的表现多是远超过美国孩子的。

记得刚开学时，亘亘的老师连续几天都考五十题运算，并且需限时完成，亘亘每天都很开心又略带骄傲地说："我今天又是第一个写完的，而且全对哦！我写完后还等了好久大家才写完，竟然还有人写不完呢！"听她的叙述，她写完后还有时间拿书出来看，看来的确是游刃有余。

但是数学不可能永远只有计算题，当她遇到应用题时就一筹莫展了。汉柔小姐也没有时间一题一题翻译给她听，毕竟她还有其他学生得照顾，亘亘只好在数学考卷上用中文写了大大的"不会"两个字之后交卷。

回家之后，她很不开心，这对于一向努力将功课完成的她来说实在很不允许，因此她挺介意的。所以阿嘉开始在家教她破题（就是看懂一些关键词，例如 how many、left、total 等），看懂关键词之后，基本上就可以完成将近九成的题目了。过了几天，亘亘回家说，她今天的考试几乎都看得懂题目且都写对了，老师还对全班夸奖了她，让她非常开心。

我和阿嘉也松了一口气，毕竟孩子的自信心是最重要的，如果在她拿手的科目数学上面她也无法获得信心，那在美国的这一年很容易摧毁了她原本的自信，这当然不是我们所乐见的。

家庭英文密集班开课啰！

基本上在美国上半年时，每天女儿们放学回家后就是我们全家一起做功课的时间。我们全家每天都围在雷借我们的一张黑色小餐桌上进行教学以及完成功课。

一开始我和阿嘉各教一个女儿，孩子的个性与特性各有不同，加上年级不同，如果一起教，除了会互相影响之外，也无法针对孩子不懂的地方来加强。例如：如如是较属于视觉型的孩子，也就是要看到才容易理解。对于较抽象的概念，如果单以讲解的方式她较难能意会，因此阿嘉买了代币来让她练习计算，以意大利长面条来帮助她理解几分之几的分数概念，此外，我们来美国之前让她们学习的珠算也有帮助。

但如果遇到一些共同的概念，我们就会两个女儿一起教。例如：原本她们对于数字的英文只会一到十，也不会拼字，如此一来数学课的数字看不懂或不会写时根本无法作答。所以后来阿嘉买了数字卡，让她们姐妹玩游戏抢答，先比赛听音猜数字，接着比赛抽卡片比拼字。由于两人都是由零学起，有竞争更刺激了彼此的好胜心。阿嘉并将一至九十的英文写法，以规律化的方式画一个表格给女儿背，不一会儿她们就背起来了，孩子们的记忆力真是惊人啊！所以只要用对方法，帮孩子先组织过，多半可以达到事半功倍的效果。

上学期时孩子多半听不懂老师上课在讲些什么，尤其上自然和社会科时，汉柔小姐完全没有使用课本，连要从图案猜测都无从猜起。而汶特斯太太由于已先借我们一套课本，也会在每周的亲师通知单中载明每一科的进度，因此我们可以事先讲解一遍给如如听，让她不至于“鸭子听雷”一整周。不过以数学而言，我还是很庆幸当初阿嘉坚持带台湾的数学课本来美，因为我们发现台湾的数学与美国的内容进度是相似的，所以在家我们会先以台湾

如如画的作业：现在八岁的模样以及100岁时的模样。

的课本教她们，她们会了之后再听老师的讲解就较容易懂了。或者是老师教完，我们讲解给她听，再搭配台湾的课本，对她们而言就易懂多了！ 刚开始如果只是放任不理，让她们顺其自然，等一个学期之后她们的语言进步了时，已经跟不上同学的程度了。重点是，一点点的落后还可以靠努力补足，但失去的信心就需要花较长的时间来弥补了。

这样的方式我们进行了一个学期，到了下学期之后，女儿们的英文进步了，多半是遇到较难的概念听不懂时，我们才讲解给她们听。这时候我们已经不需要每章节都搭配台湾课本教了。

刚开始教女儿们念单字时，我们用的方法是先让她们念一遍发音，判断有几个音节。亘亘她们老师教她们判断音节的方式简单又好用，一边念单字一边按照音节拍手，例如：won. der. ful，就知道是三个音节；并且阿嘉教女儿们如何看字辨音，让她们试着自己念念看，念错再纠正。在拼单字时则是让她一个字母一个字母指，一边拼音一边指着字母念发音，例如 seven，要一边念拼音，s–s–s, se–se, ven–ven, seven, 这样让她习惯以眼睛看拼音来认，或以读音来辨识拼音，否则在她们眼中就是一个单字，无法推敲出读音或拼字。

事实上，在美国小学老师给学生背的单字多是有规律性的，坊间卖的小学生拼字书籍也皆是如此。举例来说，如如有一个星期需背的单字如下：

pie tie lie die blue clue due glue snow yellow

由于他们设计给孩子背的单字多是遵循着同一种元音或子音的规律，或者是同一种前缀或字根的单字，孩子在背诵时，简单又快速多了，并且对于什么样的字母组合会发什么样的音，无形中也就记住了，这对于未来看到陌生的单字也能够看音辨字很有帮助。

每个孩子在学英文时也各有其长处与短处，有人背单字很快，有人看字辨音能力好，也有人是文法较佳，同一种学习方式不见得适合每个孩子。比如刚开始我制作简报给亘亘背单字效果不错，但如如使用这个方式效果就不佳。所以每个小孩念书或背诵的方式都不同，要找出孩子容易的方式，教孩子使用，以便奠定未来孩子能有效自我学习的方式。

孩子的个性父母最清楚，所以如何针对孩子的特性来教养与教育是每个父母必修的学分。

而在这一年当中，汶特斯太太同时不间断地额外提供如如一些符合她程度的小书，对女儿们帮助也很大。因为汶特斯太太找的这些书除了句子很简单之外，她还会特意找重复的句型，例如姐姐在洗澡、姐姐在唱歌、姐姐在玩球等。因此对于刚开始学英文的如如她们除了较容易了解与阅读之外，对于英语的简单句型也会开始有概念。每天回家我们就会陪她念一本，而姐姐做完她的功课后，我们也会再和她念一遍这些小书。刚开始陪伴很重要，与念中文书一样，孩子刚开始学习阅读时父母要耐心地和她共同阅读一阵子，等孩子养成习惯或者已把握住阅读的技巧之后，就可以渐渐放手让孩子自己执行了。

如如念了这些小书两个礼拜之后，爸爸鼓励她到学校念给老师听，并

ABC's for Parents

Xerox and save articles that benefit your child.
影印以及保存对你的孩子有益的文章。

请老师纠正她的发音。原本担心还无法开口说英文的她会怯弱，想不到小妮子挺有勇气地一口就答应了。隔天就像打了胜仗一样回来得意地说："我今天有主动念给老师听哦！老师说我念得很棒！"有了妹妹的前例之后，亘亘也不服输地跟进。就这样一周念几次的小书给老师听，持续半年下来，对于她们的发音以及开口说英文都有了帮助。

爸妈的功课就到此为止了吗？还没呢！我们每天在家充当老师之外还充当翻译员。除了每天要帮她们看从学校带回来的通知单或功课，说明让她们了解之外，有时还要帮亘亘翻译数学考卷。

由于三年级的数学已较脱离图像式的说明，应用题的比例也较二年级高，因此亘亘的老师会事先将课堂的练习题与考卷让她带回家，请我们帮她翻译成中文之后再拿到学校去。当然，我们不会让亘亘事先看到内容，也不会先说明给她听，因为这原本就应该是她的学习历程。

翻译这些考卷的内容并不容易，我们秉持著作研究时翻译问卷的谨慎度来做，因为我们希望尽量不改考卷的原意，但又要保持如中文般通顺。同时我们很小心地不敢多加入一些词汇，因为有些数学题目是要考学生的理解力，如果我们将其含义写得太仔细，怕会考不出原本的测验目的。因此每次这项"功课"都要花费我们几个小时的时间，并且为了怕耽误老师的考试时间，我们每次都是隔天就交"功课"的好孩子。

用力地学习，用力地玩

不管是台湾地区还是美国的朋友都说女儿在美国念小学，功课量较少应该比较轻松吧？事实上这一年来只要是上学期间，她们两人都挺忙碌的（不，应该说是我们四人吧！）。尤其是前半年，除了每天写老师的功课之外，还要背单字，并每天看三十分钟的电视与玩英文学习网站的游戏。另外我们还陪她们看英文书，或复习贴在墙上的单字。到此还没结束呢！她们还要找时间写台湾带来的语文和数学课本。除此之外，我还到处找中文电子书以满足亘亘想阅读中文的渴望，因为每天腾出一点时间来看中文书也是她的娱乐之一。

到了下半年，她们的英文较上轨道了，大部分的功课她们都已能独立完成，并且依循着之前我们教她们的模式自我学习，这时我们当父母的负担已减轻了不少。当然，那个时期她们还是需要父母的陪伴及偶尔的协助。同时，英语程度进阶了，学习的方式也要跟着进阶，例如：每看完一本重复句型的小书时，阿嘉会让孩子们练习自己模拟这些句型来造句，因此她们每天仍然很忙碌。

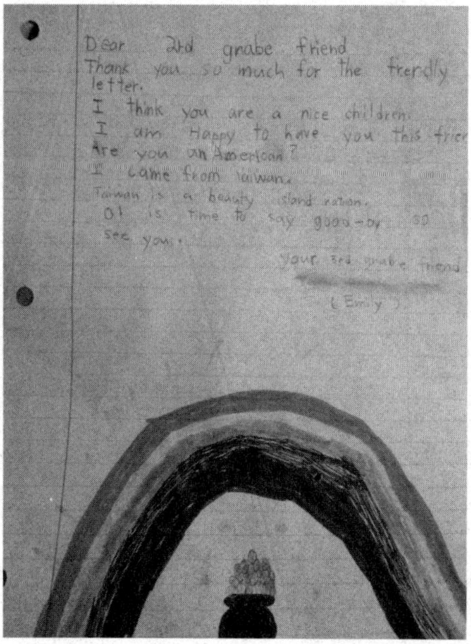
Dear 2rd grabe friend
Thank you so much for the frendly letter.
I think you are a nice children.
I am Happy to have you this frien
Are you an American?
I came from taiwan.
Taiwan is a beauty sland nation.
Ot is time to say good-by so see you.
Your 3rd grabe friend
[redacted]
(Emily)

学年即将结束时，三年级老师要求每位小朋友写一封信给二年级的学弟妹们，欢迎他们即将迈入三年级。

有美国朋友认为我们亚洲的父母也“逼”得太紧了吧！既然来到了美国，应该让孩子享受一下早放学及少功课的乐趣才对。但事实是，孩子们很想学，她们每天都透露着很想赶快学会英文，因为她们不想因为不会英文而在学校吃亏，也不想被同学看轻，更不想每天都过着只能猜测别人意思及老师上课内容的日子。亘亘更表示说她觉得台湾的学校比较好玩，因为每天可以学到很多东西，在这里因为听不懂所以感觉很无聊。**当孩子们有如此旺盛的学习欲望时，当父母的当然是尽可能地去协助她们。**

虽然每天密集地练习，她们有时也会感到疲累与泄气，但想着不久之后她们就能够学会英文，与人交谈，她们还是很有动力地继续学习。**看着女儿们的表现，我们也很惊讶地看到孩子的韧劲与耐力其实是比大人想象中的强呢！**

况且她们的情形与其他的美国孩子不同，如果完全顺其自然，在没有其他系统性的支持之下，让她们纯粹从学校的课程及同学老师的谈话中自然学习发音和句子，那至少要花上两年以上的时间。我们只有一年的时间，孩子们如果想尽快地融入英文环境的唯一方法还是学习，认真的学习。当然这期间，老爸老妈也不能偷懒，父母的坚持及适时地推孩子一把也是很重要的。

当然我们也没浪费在美国从下午就可以与孩子相处的时光，因此每天放学后我们也常会先带她们去公园玩，或逛逛大卖场，或沿着大草坪跑个步，玩滑板车等活动一下才回家。假日也都会带女儿们到别的城镇或观光景点游玩，这一年来我们玩遍了美东和美西，连南边的佛罗里达州也没错过，因此我想，这样的学习对她们而言应该还不至于太累。**这一年来的生活，真可谓：“用力地学习，用力地玩！”**

没有天才的孩子，但有背后用心教养的父母

很多人都说：“小孩子适应力与学习力很好，到了国外不必管他，不用

Yield results by encouraging your child.
透过鼓励孩子来获得成效（通常是指孩子的行为或学习）。

六个月就会了。”关于这个论点我和阿嘉实在很怀疑，尤其在美国这一年来，我们与女儿们一同走过从零到有的英语学习过程。我们尤其坚信，孩子刚来国外时，父母的引导与陪伴很重要。因为来这里所面对的不只是语言的问题，孩子的心理状态与许许多多的冲击，都需要父母为其坚强的后盾。这期间孩子会因为语言的关系而学习落后，并感觉不如人或很吃力地追赶着，这样的情形几乎要两年以上才有可能好转。但如果这期间父母没有提供协助或注意他的心情变化，有可能待孩子语言程度拉平到与其他孩子一样水平时，他已失去了自信心和自尊心，连带地会影响到往后的学习。

当然，这要视孩子的年龄而论，中学阶段的孩子已经有能力自己找方法来学习与解决问题，父母多扮演辅助的角色。但小学阶段的孩子，尤其是中低年级的孩子，生活重心仍是以父母为主，父母如果没有在旁协助，他自己并不容易找到方法来学习与度过心理冲击的。而小学阶段以下的孩子，因还懵懵懂懂，加上还未进入学制，基本上冲击性会较小，学习第二语言也会像母语一般。但相对地，中文能力如未加强也会相对较弱。因此在异乡，如果是非常在意孩子教育问题的父母，通常都会有许多的“功课”要做，这些从我们在美国所认识的“外国家庭”中可以深刻地体会到。

从我家姐姐和妹妹身上可以看出，小学阶段时越低年级出去越好，除了年纪小语感较好之外，由于低年级的课业较简单，语言也较简单，并且也是当地孩子建立语言基础的阶段（台湾小学一二年级也是在奠定注音符号及基本词汇与造句的时期），所以孩子可以跟着基础一步一步地学习上来。但姐姐三年级的课业就难多了，当她没有英文基础时，很难跟着班上的进度学习，所以辛苦许多。妹妹年纪较小，开口说与写英语属于较直觉式的，看字辨音的能力也佳，但相对地中文忘得比较快（因为在台湾时只有一年的小学基础）。而姐姐因为来美之前中文底子较好，加上喜欢阅读中文书，所以退步较少。且在文法概念上，由于姐姐年纪较大，组织性与逻辑性较强，所以较为清晰。但因为她英文的程度赶不上她中文的程度，因此刚开始她的小脑袋常很忙碌地在中翻英，例如她的中文造句已进入较复杂的句子：“感激：当我生病时，爸爸妈妈每天辛苦照顾我，我很感激他们。”但以她目前的英文能力却无法表达出来，所以刚开始她也花了一段时间来适应。不过，孩子学习语言的能力绝对是比大人强多了，这点是毋庸置疑的。两姐妹对于发音的辨识、单字背诵的速度等常令我们大人望尘莫及。

下学期时两个小妮子已经可以互相念单字考对方，我们当父母的也轻松多了。这年纪的孩子记忆力佳、背单字速度快，不趁这时期多背一些单字未免太可惜了！因此随着孩子的进步，阿嘉开始要求她们增加每天背的单字量。人是有惰性的，女儿们原本看到老爸写的厚厚一沓单字表，不禁哀声连连。所以爸爸采用“声东击西”的方法来引导她们，**也就是当父母希望达成的目标对孩子而言刚开始可能较有困难时（或她会排斥时），先立定一个她觉得容易达到的目标，让她心理上觉得容易做到而愿意做它，但其实这个目标是为主要的目标而铺路的，如此一来孩子在不知不觉当中就能做到当初爸爸的要求了。**

老爸刚开始只要求她们大声念出常用单字（每人一百多个字），每天都念一遍，共念了三个星期。三个星期过后才开始背这些单字，结果姐姐一个晚上就背了四十四个的单字，妹妹也背了三十六个单字。这时她们就觉得背这些单字简单多了，接下来也就能循序完成目标了。

父母的功课在孩子还在学制的阶段里时，我想是没有结束的一天，差别只在于负担的比例而已。我们不可能永远花这么多时间帮助孩子学习，但是

家附近的公园里有着一大片可以让孩子打滚的绿地。

刚开始花时间建立孩子正确良好的读书习惯是很重要的，接下来则是随时注意孩子的学习状况，适时地协助。我发现许多学生书念不好，是因为他们不懂读书的正确方式，更正确地说，是不知道如何找出适合自己的读书方式，所以常事倍功半，演变成最后都将时间花在补习班上。有些父母也会表示没时间去管孩子的功课，事实上关键点在于你对时间分配的优先级，你愿不愿意为了你的孩子停下脚步，静下心来看看他是否需要协助罢了！

父母的“功课”总有一天会结束，但为人父母这项“工作”，我想，是没有终止的一天吧！

千呼万唤始出来的英文家教

女儿们到美国就读的前半学期皆处于“鸭子听雷”的阶段，她们痛苦我们看了也着急，无奈我们身处在一个小乡镇中，想聘请一个英文家教并不容易。

当知道学校没有额外语言课程可以教女儿英文时，老师与其他朋友都会安慰我们说，不用担心，孩子三五个月就会说英文了！但是这三五个月的过程是很难熬的啊！虽然家里的英文密集班持续进行着，但我们白天还有研究工作需进行，加上日常琐事一堆，还是希望孩子能透过学校系统获得一些协助。最主要的是希望能由美国老师来教孩子发音和语调。

开学一个多月后，学校通知我们会有两个 WIU 的学生来学校与亘亘和如如进行一对一的教学，利用阅读时间一周两次，每次三十分钟，这才让我稍微放下心来。亘亘的指导老师（tutor）刚好是如如好友澄澄的妈妈，亘亘很高兴可以用中文与她沟通，因为多少可以减低她的不安感。澄澄妈妈很用心地教导亘亘，同时也准备了一些教材，不过我和她都认为一周只有一个小时的英文课程对女儿而言是不足够的。因此我和阿嘉兴起找个家教老师来帮助女儿们英文尽快上轨道的念头。

一开始我们通过学校老师来寻找，询问是否有退休老师或支持教师可以来当孩子的家教老师，毕竟我们还是希望由受过专业训练的老师来教授，这样孩子才能有系统地学习，但可惜的是最后仍无结果。后来退而求其次地想找 WIU 的大学生，原本心想：住在大学城里还怕找不到家教吗？想不到这套台湾的思考模式在这里竟然不管用，美国的大学生虽然很时兴打工，在这里通过许多的管道却还是找不到家教！更夸张的是，问过一些大学生或研究生，他们都没听过可以到家里教孩子的这种家教工作。

还好大约开学四个月后，事情有了转机，我们的一位美国朋友辛迪听说了女儿们的需求，主动愿意一星期帮她们上两次课，每次一个小时。辛迪是专门教授成人 ESL 课程的老师，因此有教外国人的丰富经验，讲起英文来又慢又清晰，对小孩也很有耐心，真的是最佳人选。除此之外，她更是秉持着帮助外来家庭的善心，坚持不收费用，表示纯粹享受与孩子们相处的时光，让我和阿嘉真是感激万分。

因此我常做一些她爱吃的台湾料理回馈她，感谢这位好朋友无私的协助。这段友情协助一直持续了四个月，直到辛迪因为工作变动的缘故才停止。

到了下学期，原本 WIU 提供学校一周两次的指导老师协助却迟迟没有下文，最后我决定写信给校长请求协助。于是校长找了一个阅读计划让女儿们参与，因此每周三女儿们放学后会有一位 WIU 的研究生与她们阅读一个小时，可惜因为大学学期时间的关系，进行了六次课程就结束了。

当时幸好在美国的好友，美丽姐也询问我们是否需要他大儿子汤姆的协助，因为汤姆虽只有中学的年纪，但是他有纯正的美国发音，孩子们如果经常念书给汤姆听，对她们的发音将会很有帮助。对于汤姆愿意每周两次到我家陪孩子阅读，我们非常感谢。孩子们也因为原本就认识汤姆这位大哥哥，念起书来更是有趣。

除了这些朋友们热心的帮助，女儿们在学校期间，很幸运地在她们的班上都各有一位大陆朋友，因此两人的老师都将他们的座位安排在一起。不过可惜的是，亘亘的同学约翰是个男生，这个年纪的孩子刚好处于玩游戏时男女拉手都还要拿树枝的时期，因此亘亘自力更生的机会较多。而如如的同学澄澄，是个热情又贴心的小女孩，因此在这一年当中她在学校帮了如如许多忙，不只是在功课上的协助以及翻译，更让我们感谢的是她让如如在语言不通的环境之下不会感到寂寞。

这一年当中，阿嘉和我有一个深刻的感悟就是，**我们不停地一直在寻找外援，希望能有一个系统性的英语教学来教女儿们英文，但最后发现最了解自己孩子的还是父母，只有我们自己最清楚孩子的学习问题出在哪里，需求在哪里**。这一点我们也与孩子讨论过，孩子们的感受是，这一年来在家开张的英语密集班最实在，也最切合她们的需要。所以对孩子而言，父母的协助还是占最重要的角色，这句话在与她们一同和英语奋战了一年的我与阿嘉耳中可是格外顺耳，备感温馨啊！

此外，这一年当中能拥有这些朋友的协助，我们心怀感激，也深刻地体验到“出外靠朋友的”的感受。我们衷心希望这些异域的友谊能够持续维持下去。

孩子们很喜欢这位热心又有耐心的辛迪老师。

亘亘的第一次英文发表

上学不到四个月时，亘亘有了第一次的英文发表！这让我们第一次深刻感受到每天与女儿们和英文奋战所花的努力没有白费！女儿们的英文总算跨出了一大步！

上学期末汉柔小姐派了一个作业，就是每个学生必须上台发表，与同学们分享自己家里过节的特殊活动与方式。

汉柔小姐列了三种发表内容让学生选择其中一项：

1. 分享家里过节的特殊活动，包含旅游或全家人会一起进行的活动。
2. 介绍家中过节会吃的食物食谱，并与同学分享。
3. 请家长到班上分享节庆中家庭活动所具有的特殊意义。

看到这三个选项，心里想后两项几乎是家长的作业了，基于希望让女儿学习的心态，我们当然是挑难的选，就选第一项啰！（我们还是属于期许高的家长，唉，难为女儿了！）

原本心想，女儿从只会 ABC 字母到现在接触英文也才不到四个月，这样的要求对她会不会太难？于是我们试探性地问亘亘要不要用英文向全班介绍台湾地区的新年及她的小学生活，出乎意料的是，亘亘的反应完全不畏惧，而且还跃跃欲试呢！

她的反应让我很欣喜，一方面高兴她不害怕上台对全班说英文，另一方面则是高兴她的英文有进步，所以她比较有自信了。

这项作业为期一周，原本汉柔小姐顾虑亘亘的英文，要上台发表可能还颇有困难，主动问我要不要来班上分享？但我表示希望亘亘能够自己发表，因此她将亘亘排在发表周的最后一天，好让她有足够的时间练习。

每天放学时我都会问她：今天同学发表什么？大家的表现如何？因为我也很好奇美国小学的学生发表会如何进行。结果发现全班几乎有一半以上的人都是选择食谱分享，并且许多家长都到场参加与分享。

于是我再好奇地追问女儿："发表时，大部分是家长在发表，还是同学在发表？"

女儿的回答在意料之中："多是爸妈在发表，我们同学只是在旁边搭个一两句话而已，对了，还有帮忙发吃的。"

此项作业虽是亲子合作的美意，但站在教育的立场，还是不免觉得可惜，因为这样做孩子不就失去了自己站在台上面对全班发表的学习机会吗？

大部分的学生发表后都会请同学品尝东西，所以这一周每天都有同学的家长来，并且吃吃喝喝的，学生们都开心得很，原本我们并不打算出席的，心想：让女儿自己闯荡吧！结果到了亘亘发表的前一天，女儿有点腼腆地说："大家的爸妈都来了，我也很希望你们来耶！"看来父母光只有背后的支持还是不够的，所以后来我们决定担任"后援部队"，站在教室后面支持她，最重要的任务则是供应食物给同学。

打从这张作业单发下之后我就开始跟着忙碌起来，先是找遍了照片帮女儿做了一份二十几页的简报，接下来则是伤脑筋该带什么食物去分享呢？

左思右想，后来听到亘亘说："我们同学也有人分享别州生产的热可可哦！"

所以最后决定泡一大壶台湾的早餐谷片去喂那二十几张小嘴，经济实惠又方便！

亘亘大方地站上台，表现并无畏惧，印证了孩子的潜力无穷，家长真的不用太多虑。

食物也解决了，妈妈的责任到此了了。接下来最大的工作就是协助亘亘自己以英文发表了。由于亘亘当时会的字汇还不多，如果由我们写句子让她去发表，对她而言其实是更加困难的。因此阿嘉花了约两个小时协助她用已经会的英文字自己造一些简单的句子，因为唯有用自己的话写出来的句子她才容易发表。

令我吃惊的是，到亘亘发表当天这期间，她只练习了不到五次，其中还包含了她爸爸和她一起造句的那一次，连我这个妈都觉得她也太大胆了，她却一副“安啦”的样子，我也只好相信她的自信啰！

到了发表的当天，我和老爸站在教室后方看着亘亘大方地站上台。不巧的是，轮到她时麦克风刚好坏了，我心里正担心这会影响她的信心。结果亘亘刚开始讲前两页简报时声量还有点小，但后来就越讲越顺了，还会自己加上几句话。事实证明，是我多虑了，亘亘的表现并无畏惧，印证了孩子的潜力无穷，家长真的不用太多虑。

甚至最后同学问了一些问题，并请我们翻译给亘亘听时，她竟然听懂了，并且直接回答了同学，我真的又惊又喜，想不到孩子在我们没留意时，不知不觉地已跨前了一大步！

当女儿发表完毕时，老师与同学皆给予她热烈的掌声！

汉柔小姐还特别对全班说："亘亘今天用英文发表，大家都知道这对她有多难，对不对？她是不是很努力？"当全班学生都很用力点头赞同并再度给予女儿热烈掌声时，我站在后面红了眼眶，心里很激动也很感动。我们心里都很清楚，自从来到美国之后，阿嘉和我与两个女儿一起下了多少工夫，她才走到今天这一步，的确得来不易！亘亘也很满意自己当天的表现，我相信对她而言，对于英语应该又跨出了一大步。

孩子的潜力无穷

犹记得刚开学时，由于如如班上的阅读时间是采用分组进行不同活动内容来进行，她因为还不会英文，所以永远被分配到做小书的那组。汶特斯太太每天都发给她们几张画有一个大格子以及几条线的 A4 纸，让她们自己在格子中作画之后，写几行字，最后编成一本小书。

由于如如很爱画画，所以她每天都很高兴地展示她的画画成果给我们看，但我这个老妈免不了担心地问她："那其他组的同学都在干什么啊？"

"不知道！"这是小妮子的回答。

老妈还是不死心地继续追问："那你有没有看见其他人在做什么呢？叙述一下也好。"

回答还是一句"不知道"！唉！看来也问不出个所以然了，所以开学后她每天都快快乐乐地去学校做小书。

刚开始如如只有画画而已，但后来汶特斯太太与我们都认为即使她现在还不会英文，练习中文的句子结构也是同样重要的，因此我们开始要求她要与同学一样，自己以文字来描述自己画的图案，只是使用的语言是中文而已。在孩童第二外语的学习上，母语的基础是很重要的，从自己的母语来转换为第二外语字汇含义的了解与联结才是最根本而且有效的。例如小三的字汇学到 composition（成分），并要学生造句，如果孩子连中文都不懂什么叫"成分"时，英文也不会了解，更别说是造句了！又例如 impressive（令人赞叹的），如果中文没学到这样的字汇，小孩子仍然很难意会。

农历年时到芝加哥看“悲惨世界”以及在户外溜冰场体验冰刀溜冰。

这一点我们在初期让姐姐和妹妹用便利贴练习造英文句子时就发现了。这些便利贴上的单字姐妹俩是一起学习的，意思就是两人懂的字汇是一样的。但让她们自由利用墙上的这些便利贴造句时，发现同样的字汇，姐姐造的句子变化性较多也较复杂，而妹妹则是较单一且句型相同的直述句。从这一点可以看出，不是因为两人的英文程度不同所造成的差异，造成差异的，其实是两人的中文程度。

小学二年级的学生阅读能力需要更进阶，并且开始要练习写小作文或读后心得感想，这一点中外皆同。在美国这一年，如果如如因语言的问题，而没有训练到该年级该有的语言组织能力以及心智成长的话，不只英文学不好，中文也会有影响。

刚开始如如只有写一两句中文而已，因为学校的英文书她看不懂，也无法写读后心得，所以我们让她挑一本中文书拿到学校写。刚开始爸爸还帮如如写的中文句子翻成英文，希望老师也能看得懂她在写些什么。后来大约过了一个月，她的小书开始出现了一堆连在一块儿像蚯蚓的英文字，虽然很难看懂，但表示她的小脑袋中开始出现英文了。

再过了一个月，她的小书开始出现简单的英文句了，像“I like my dog.”或是“I like my Dad.”之类的，并且每个字都很正确地在该有的位置上，英文字也不会全连在一块儿了。这时她开始有单字的概念，并且能写出简单的直述句。

到了下学期，如如开始能够写一些短文，虽然文法与时态还是时有错误，没啥概念，但她已经可以流畅地写出一本文情并茂的小书了！尤其在一月份时，我们特别想念家中的狗——多多，在此思念的情绪之下，她每天几乎都能完成一本五至六页的小书，让我颇为惊讶。在书中，即使透过很简单的句子还是可以看出她对狗狗思念的真情流露，也让我很感动，孩子的心思与情感是很细腻的。

当即将返台前，开始着手整理孩子们这一年来的作品时，翻着这些资料就好像看着她们学英文的成长过程，从中文到蚯蚓字到单句英文到能够写出一篇短文。我一边看一边心中真是充满了无限的感慨，一方面高兴且惊讶孩子的学习成长这么地快，一方面回首这一年来与孩子一起走过的这条路：每天孩子放学后我们一家四口围着雷借我们的黑色方形小饭桌，借着立灯的灯光一起和英语奋战的日子。中间孩子们当然也有疲累和泄气的时候。但是她们处在这个环境，她们不想一直当哑巴和聋子，很想能够尽快听懂上课的内容，很想能够尽快与人沟通，因此有一股力量支撑着她们学习。

当我抬头望着墙上贴满着之前阿嘉和她们一起练习所用的英文便利贴，我的脑海就会浮现出刚来美国的时候，一大两小每天面对墙壁练习的情景。

记得刚来美国时，有几次在孩子们上床睡觉之后，阿嘉和我疲累地坐在沙发上，聊着孩子们最近在学校的状况及英文的进展。我们同时都对于一个孩子从只会字母 A 至 Z 到能够开口与人沟通的过程感到非常好奇，因此对于女儿们这一年来英语的学习过程与变化，我们除了全程参与其中之外，也

阿嘉在这里扛着女儿绕着草皮跑步时，女儿们兴奋地一路大叫，还引起了警察停车观察呢！（我猜警察在想不会是绑架小孩吧？）

随时观察与记录，未来也能让孩子们回忆她们这一年来的努力过程。

当我看着这些记录时，这一年的情景历历在目：

学习英文一个月时，女儿们学会使用便利贴造简单的句子。

三个月时，女儿们看英文卡通时会开始问我们这句话或某个字是什么意思。有时她们也会猜猜看，再问我们对不对，通常她们猜的都八九不离十。这时对于英文的发音以及句子开始有一些概念了。这也是学语言重要的过程，先累积大量的听，到了一定程度时就会开口说。

四个月时，女儿们开始可以讲一些简单的句子。到快餐店遇到同学时，可以用简单句子沟通。同时，亘亘完成了她第一次的英文发表。

五个月时，亘亘能够为自己辩护。记得刚开学几周，亘亘和邻居兼同班

在美国小学的最后一天，亘亘、如如、澄澄与汶特斯太太合照。

同学奈以莎在学校餐厅因玩得过火之后演变为吵架兼动手动脚，同学都说是女儿的错，所以只有她一个人被骂，而她却因为不会英文而无法辩解，心中感到非常的委屈；现在再次发生被误解的情形，她已经可以用简单的英文为自己辩解，女儿很开心终于脱离哑巴吃黄莲的处境了。

六个月时，女儿们开始有明显的进步。两姐妹之间开始会用英语对话，玩游戏时也会夹杂英语，虽都是一些简单或者文法不正确的句子，但两人对话来对话去的倒是既自然也能沟通呢！此时亘亘也开始加入班上所有的学习活动，与同学做相同的功课。而如如则是开始练习阅读汶特斯太太给她的二年级程度书籍了（约二十页内容皆为文字），当她第一次花费较多时间念完这本书而呼出长长的一口气时，我实在很感动，女儿又跨前了一大步。

七个月时，两姐妹进步的程度开始令我们感到惊讶。有一次如如户外教学时忘了带她的包包上校车，一到学校，两姐妹就自己到办公室请学校职员哈姆女士打电话给我。待我送包包去时，哈姆女士对我说她很为我们两个女儿感到骄傲，她看着她们姐妹俩从一句话都听不懂到现在，她感到她们的语言进步好快！哈姆女士还强调她和女儿们完全听得懂彼此说的话，她真的很替女儿们高兴，我听了也感到很开心，觉得心头暖暖的。

而且有一次亘亘在放学时，对我们述说当天在学校她与老师的一段对话时，竟然完全是用英文说的，而且文法完全正确，说得也很流畅，让我们真的吓了一大跳！原来孩子在我们不知不觉之间跳跃式地在进步哪！

八个月时，如如说话时开始很容易会夹杂中文和英文，例如：“今天我有一个 homework，我抽到 dolphin，澄澄抽到 panda。老师说要用 shoebox 做一个 habitat, including food, air, water 那些。”她几乎常常是直接复制老师说的话，像录音带似的播放给我们听。

有一次教如如数学中的分数概念，她一直把四分之一说成是一分之四，和她解释了多次之后，她还是会搞混。后来我和她以英文解释时，才想到英文的四分之一是 one forth，先讲分子再讲分母，而中文则是相反，也难怪她会搞混。这时中文与英文两种语言似乎开始在她的小脑袋瓜中同时运转了。

此时期女儿们的听力与口说能力皆进步许多，已经可以进行一些基本的对谈了。听力也比大人敏锐，细微的不同发音都可以分辨出来，下学期就开始会纠正我和她们老爸的发音了。因此家里的“英语密集班”也转变为“普通班”，孩子们大多已能够依循之前教她们的方式自己完成功课。

开学六个月后，我们也开始尝试和她们用英文交谈。记得以前有一位朋友说为了激起孩子学英文的兴趣，他们夫妻俩常在家里用英文对话，孩子因为想知道爸妈在说些什么就会想学英文。在台湾时，我试过，没用。

刚开始来美时，一些美国朋友会建议我们在家说英文，他们认为这样可以帮助我们孩子更快学会英文。但阿嘉和我讨论之后还是决定在家说中文，因为孩子在英文环境中紧绷地度过一整天之后，我们希望回家后能让她们感到放松且有安全感。这期间如果在孩子面前讨论一些不想让她们知道的事情时就会用英文。到了下学期，女儿们的英文进步了，有一天我和阿嘉用英文

如如和澄澄共同创作的『思念多多』翻页书。

在讨论是否要给孩子多一些时间玩，不要给太多功课时，本来在玩计算机的亘亘，突然冒出一句："I agree!"我们才惊觉原来她们现在已经听得懂不少了，也会想知道我们在说什么了！阿嘉和我对女儿们开玩笑地说："爸爸妈妈以后可能开始要去学日语或西班牙语了，这样说秘密才不会被你们知道。"亘亘和如如听了就"嘿嘿嘿……"得意地笑着。

看着孩子这样一路走来的历程，我真的为她们感到骄傲，连汶特斯太太都说没看过外国孩子英文进步这么快的。姑且不论女儿们会不会因为来美国这一年而英文突飞猛进或者未来高考英文满分，这一年的英文学习之路想必在她们心中已画下了很深刻的刻痕。至少对来美国前因为英文补习班考试备感压力而大喊"我讨厌英文！"的亘亘而言，经过这一年的洗礼，对于英文除了接受度颇高之外，我感受到英文已渐渐内化成她的能力之一了！而如如则是已经打开她"英文的耳朵"，对于发音的辨识以及直觉式的书写能力让

从上到下可以看出如如这一年来学习英文的轨迹。

她觉得英文比中文简单！

当然我们心里也很清楚，这些能力在孩子这个“学得快，忘得也快”的年龄里，如回台之后不用心维持，很快地就会淡忘到只剩下对英文的“直觉”而已。因此回台之后我们父母的功课就将转变成如何维持孩子们英语的“续航力”了！

Vocabulary Websites（字汇相关学习网站）

Fake Out
http：//www.sheppardsoftware.com/African_Geography.htm

Fun Brain
http：//www.funbrain.com/words.html

Spelling Websites（拼字相关学习网站）

Spelling City（可自行输入要背的单字，利用里面的游戏练习并自行检测）
http：//www.spellingcity.com/

Spell Check
http：//www.funbrain.com/spell/index.html

Scramble Saurus
http：//www.funbrain.com/scramble/

Spellaroo
http：//www.funbrain.com/spellroo/index.html

Starfall（字母发音学习网站）
http：//www.starfall.com/

Reading Websites（阅读相关学习网站）

Book Adventure：
http：//www.bookadventure.com/

Comic Lab：
http：//www.professorgarfield.com/pgf_comics_lab.html

FFFBI（运用短片或对话请你回答问题，有趣的网站）
http：//www.fffbi.com/games/academy/

Listening Practice（ELL）（听力练习，有分初中高阶）
http：//www.esl-lab.com/

Online Stories（动画说故事网站，会一个字一个字念）
http：//www.mightybook.com/

Puzzle Makers（可制作自己的填字游戏）
http：//puzzlemaker.discoveryeducation.com/

Phonich（有各个字母的真人发音）
http：//genkienglish.net/phonics.htm

Reading Ring（阅读加菲猫三格漫画，排列顺序）
http：//www.professorgarfield.com/pgf_ReadingRing.html

Story Online（真人阅读书籍给你听）
http：//www.storylineonline.net/

Sight Words with Samson（字汇教学，配合例句）
http：//www.sightwordswithsamson.com/sw/sight_words.asp

Transport to Reading（互动游戏学单字）
http：//www.professorgarfield.com/transport/transport.html

Word Central
http：//www.wordcentral.com/

Poetry Websites（诗集相关学习网站）

（三年级的孩子会每天念诗集，其实很像我们的打油诗，重点在于字的押韵与整首诗的韵律感）

Shel Silverstein
http：//www.shelsilverstein.com/indexSite.html

Jack Prelutsky
http：//teacher.scholastic.com/writewit/poetry/jack_home.htm

Rhyming Dictionary
http：//www.rhymezone.com/

Poetry Splatter
http：//www.rif.org/readingplanet/gamestation/poetrysplatter/default.mspx

GRAMMAR Websites（文法相关学习网站）

Grammar Gorillas（基本的文法测试）
http：//www.funbrain.com/grammar/index.html

Grammar Blast（基本的文法测试）
http：//www.eduplace.com/kids/hme/k_5/quizzes/index.html

Noun Dunk（有关于名词判断的游戏）
http：//www.harcourtschool.com/activity/basketball/index_pre.html

The Plural Girls（名词复数形态之练习）
http：//www.funbrain.com/cgi-bin/plur.cgi？ A1=s&A2=1&INSTRUCTS=1

Clean Up Your Grammar！（分辨名词与动词的游戏）
http：//teacher.scholastic.com/activities/adventure/grammar1.htm

Test yourself（从句子中来判断词性的测验）
http：//www.cityu.edu.hk/elc/quiz/partspee.htm

Life on the Pronoun Reef（代名词例句练习）
http：//www.harcourtschool.com/activity/sea_park/index_pre.html

Grammar Blast（从句子中判断哪个单字为形容词）
http：//www.eduplace.com/cgi-bin/hme-quiz-directions.cgi？Grade=5&Unit=4&Topic=Adjectives

Comma IQ（判断英文句子中的逗号使用正确与否）
http：//www.savethecomma.com/game/

后　记

你要留下来吗？

在美期间许多人问我们要留下来找教职吗?

或者为何不干脆将小孩留下来接受美国教育?

在美国期间，不断被问到的问题就是："你们要留下来吗？"听到一年后全家就回台湾的计划后，下一句则多是："那你们不将孩子留下来吗？"

有趣的是，问的人多为移民、移居的华人，或者他国的移民者，土生土长的美国人倒是没一个问过这样的问题，我想或许是他们长期已为络绎不绝的外来移民伤透脑筋了吧！根本不会想要鼓吹他人留下来，反而造成他们社会成本的负担。

我和老公从刚开始的惊讶——为什么会这么问？到最后，以半开玩笑的语气一致对外回答："是呀，我们在台湾还有工作呢！"事实上，我们压根儿都没想过要留下来，但面对怀疑的眼神或者疑惑的表情时，也很难解释心中真正的感受："我们并不觉得美国比台湾地区好！"

或许你并不认同，连我回台之后，也面对不少自己台湾朋友问我类似的问题，当我说出这句话时，他们也是以很狐疑的态度回答我："真的吗？那为什么这么多人都移民到美国？"老实说，这个问题我也无法回答，毕竟我不是那些移民的人。但就我们不管是在美东或美西的华人圈里所遇见的早期移民者，从他们嘴里所听到的都是停留在三四十年前的台湾，凡是治安、教育以及生活环境等都让他们感到非常的不满意，因此才会走上移民这条艰辛的路。但是台湾这些年来已经进步很多，早已脱离他们脑中的旧有印象。况且每个国家或地区自有它的优缺点，每个人也都容易只看到别人的好处，而放大自己的缺点。

走过近二十个国家，短期待过日本、英国，长期如美国，但每每出去，

环球影城（Universal）中的哈利·波特乐园（The Wizarding World of Harry Potter）。

除了赞叹美丽的风景及享受不同文化的冲击与刺激之外，我们的感想却都是："每次出去就会更加感受到——台湾真好！"毋庸讳言，台湾地区还有很大的改进空间，其他国家或地区也是一样，哪有一个国家或地区是十全十美的？就看你看重的是哪一点罢了！

我们喜欢台湾的便利性，要买什么可说是随手可得，选择又多样化；喜欢台湾的言论自由，我们可以自由地抒发自己的看法；喜欢台湾的男女平等，男女社会竞争的公平性大于多数国家和地区；喜欢台湾的丰富蔬果，便宜又新鲜；喜欢台湾的人情味，一句简单的问候与关心都让人感到温暖……我们喜欢的东西太多了，但最重要的是，在台湾，这里是我们的土地（简言之，是自己的地盘），在别的国家和地区生活，必须遵照别人的游戏规则，"迁就"与"融入"别人的风俗民情与文化。当孩子在美国念着它的地理历史以及长篇与印第安人相关的记载时，我内心里仍希望，孩子学习的是台湾地区

尼加拉瓜大瀑布（Niagara Falls）的冰树。

的地理文化以及整个大中华的悠久历史。因此我们从不考虑留下来。

至于有人问："那不然就想办法让孩子留在美国念书。"这回答就更简单了，因为我们一家人决不分开，到哪里都要在一起（等孩子大了当然另当别论）。或许有人会很难理解，但我和阿嘉都是同样的想法，家人没有在一起就不是家了，即使将来孩子有较好的成就又如何？牺牲掉的是家人之间的感情以及成长当中共同的回忆！重点是，孩子留下来就会比较好吗？我们并不这么认为。毕竟孩子的成就与否，父母的因素还是占最大的成分。另外一点须思考的是——**家的意义是什么**？只是要把孩子栽培成顶尖人才就好了吗？还是在成长过程中家人之间充满欢笑与泪水的各种回忆？更何况孩子的品格、价值观以及待人处事的态度，都是需要父母从小在旁点点滴滴引导的，这些也都是家人感情之间维系的重要元素，如果缺少，对我们而言都是一种遗憾，这也是我们不考虑将孩子留在美国的原因。

记得曾有几位来自动荡不安国家的妈妈，与我聊天时也问过类似的问题，对话大多如下：

“你们会在美国待多久？”关心地问。

我们笑着说：“一年后就回台湾了！”

“那什么时候回来？”接着理所当然地问。

我们通常会迟疑了一下说：“应该不会再回来住，有机会会是以旅游的方式！”

这时面对的通常是惊恐（她们的表情像是：“天啊！你们脑筋有问题吗？”）或者是非常疑惑的表情。因为她们通常是想尽办法要留在美国，即使其中几位在他们的国家或地区里都有不错的工作，例如小学教师或大学讲师，但是能够永远合法地留在美国却是他们一直努力追求的梦想。其中亘亘同学布兰登的妈妈芭哈更是瞪大她美丽的双眼不解地看着我一会儿之后，带着些微的怒意说：“那你们到底是来做什么的啊？”这时换我愣在那里，呃……我们就是来做研究的啊！

由于我听过芭哈与先生为了留在美国所努力的辛酸史，她甚至快得忧郁症了，因此可以理解她的怒气从何而来。芭哈来自苏联解体之后的小国，政权不断地被争夺与转移，国情长期的动荡不安，让她坚信唯有美国他们才能够有更好的生活。因此除了努力找寻合法身份停留之外，这期间芭哈也很努力地生孩子，看着她一手抱着稚龄的女儿，一手牵着儿子，身为长子的布兰登依偎母亲身旁的景象，让我充分地感受到，这位坚毅的妈妈，为下一代努力寻找更好生活环境，其坚韧且顽强的耐力。同时，也让我深深地感受到，出生于一个科技进步与生活质量还不错的地方是件很幸福的事。至少，我们不是“必须”在他国或地区寻找能生存的环境，我们是有所选择的！

旅游的心情和旅居是大不相同的，在另一个国度过生活，连看街道风景的心情与感受也大不相同。以往旅游时看到的都是观光景点的美，或是街景市民的片段场景，连遇到不肖商人，都因为旅游的好心情而一笑置之。住了

回台前举行车库大甩卖（澄澄他们来帮忙）。

下来之后就不同了，当开满鲜花的街道变成日常生活必经之路时，赞叹与欣赏之余，已不自觉地将此美景视为理所当然。再者，旅游不必接触到电费、水费及数字电视等费用的申请，也不必节俭地买二手家具，全家人挤在一张两人沙发上看电视，更不必每天为昂贵的蔬菜价格与家人的健康，而与荷包拉锯着。最不同的是，旅游看到的都是其他国家美好的文化与习俗，深入生活面时，你才会看到其政治经济以及社会的问题面，甚至其文化与习俗的优缺点才会呈现在你眼前。住下来之后，你就会感受到，事实上人性都是一样的，不管你到哪个国家、哪种肤色发色都一样，差别只在于人民素质齐一的程度，千万别因为外表是金发碧眼，还是黑发黑眼而有先入为主的观念。

这一年，有孩子相伴也与以往的旅游或学术活动大不相同，因为孩子，你会看到更多！因为孩子，我们在这里过的是很正常的家庭生活模式，而不是只有往返于研究室（或研讨会）与宿舍而已。通过女儿们的学习、交友以及活动，我们更深入地体验了当地小学的教育模式，参与了许多当地的节庆民俗（请问如果没有小孩，万圣节时你好意思自己拿着篮子去敲门要糖吗），更结交

我们家后面小河的四季变换。

了不少有同年龄孩子的家庭朋友。因为孩子，让我们这一年过得很精彩！

而对于孩子而言，换一个不同的环境，她们真的可以学习到很多。

由于身处一个不熟悉的环境，才会看到许多的不同，进而产生许多不同的感触，激荡出平时不会有的想法。这些感想不管是好或不好，对孩子而言都是一种历练与成长，让她们换个角度看世界，真的很特别！

在此也非常感谢澄澄一家人，在我们返台前一周热情地招待我们借住在他们家中，同时让女儿在美国最亲密的五人组，把握最后的时光好好玩一玩。同时也非常感谢美丽姐出借她家的大型休旅车以及她的老公杰夫（司机），专程载我们到芝加哥的机场，特别是当天来回八个小时的车程，真的非常感谢！

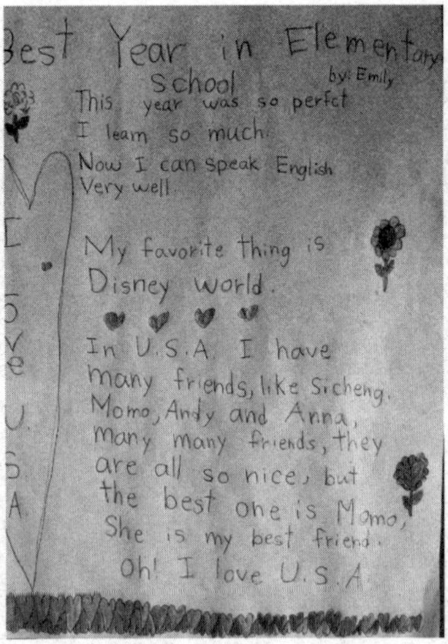
Best Year in Elementary
School by: Emily
This year was so perfct
I learn so much
Now I can speak English
Very well
My favorite thing is
Disney world.
In U.S.A. I have
many friends, like Sicheng,
Momo, Andy and Anna,
many many friends, they
are all so nice, but
the best one is Momo,
She is my best friend.
Oh! I love U.S.A

I am going beck to Tiawan.
I will miss my friend and
teacher. I don't like U.S.A fo
My best friend's name is
Sicheng. My best friend is my
classmate. My teacher is ver
kind to me and my best frien
My best memories are
Disney world and chicago.
I wish I can go there ag
By: alice

孩子要回台湾之前的感想，（左）亘亘（右）如如。

除此之外，最感谢的当然是孩子们的雷伯伯一家，在美国时就像是我们的亲人般对我们全家人无私地照顾，并且提供许多的协助，感谢之情无法言喻，除了感谢还是感谢！

在这一年里所认识的好友：细燕、辛迪、艾尔夫妇、戴夫一家、芭哈、佩芸、葛瑞丝一家、茂青大哥、矞华姐、林医师夫妇、珍妮弗、芭芭拉、米优契等，感谢你们在这一年里的相助与陪伴，有了你们，让我们的生活更精彩，在此一并感谢！

回顾这一年来，让我和阿嘉停下了平时忙碌的脚步，全心地陪伴孩子，并且重新对生活有了新的定义与体会，也让我们一家四口的心紧紧维系着，我想：如果时光倒返，我们仍会毫不犹豫地做出相同的决定！

黑版贸审字 08-2015-002 号

图书在版编目（CIP）数据

这样带孩子就对了：博士爸妈的美国亲子壮游记 / 邓佳茜著.-- 哈尔滨：黑龙江教育出版社，2015.1

ISBN 978-7-5316-6424-6

Ⅰ.①这… Ⅱ.①邓… Ⅲ.①家庭教育－通俗读物 Ⅳ.①G78-49

中国版本图书馆CIP数据核字（2015）第021943号

这样带孩子就对了：博士爸妈的美国亲子壮游记

ZHEYANG DAI HAIZI JIU DUI LE：BOSHI BAMA DE MEIGUO QINZI ZHUANGYOU JI

作　　者　邓佳茜
选题策划　邢万军
责任编辑　邢万军
封面设计　上尚装帧设计
责任校对　徐领娣

出版发行　黑龙江教育出版社（哈尔滨市南岗区花园街158号）
印　　刷　北京鹏润伟业印刷有限公司
新浪微博　http://weibo.com/longjiaoshe
公众微信　heilongjiangjiaoyu
E－mail　heilongjiangjiaoyu@126.com

开　　本　787×1092　1/16
印　　张　19
字　　数　245千
版　　次　2015年5月第1版　2015年5月第1次印刷
书　　号　ISBN 978-7-5316-6424-6
定　　价　34.80元